O DANÇARINO E A DANÇA

MERCE CUNNINGHAM

CONVERSAS COM
JACQUELINE LESSCHAEVE

O DANÇARINO E A DANÇA

MERCE CUNNINGHAM

CONVERSAS COM
JACQUELINE LESSCHAEVE

TRADUÇÃO
JULIA SOBRAL CAMPOS

Cobogó

No começo era a dança-som.

JAMES JOYCE

. . .

Como distinguir o dançarino e a dança?

W.B. YEATS

SUMÁRIO

PREFÁCIO

Se um dançarino dança, se ele coreografa, faz isso porque para ele essa arte muda é mais eloquente do que qualquer outra. Conheço o desgosto do dançarino pela linguagem, que ele acredita de alguma forma contradizer sua vida e sua arte. Sentia, no entanto, e ainda sinto, que, sob determinadas condições, e uma vez que essa reticência foi ultrapassada, as questões de poética levantadas pela dança poderiam ser apresentadas. Eu também tinha certeza de que uma das chances de que estas questões fossem levantadas estava nas mãos de Merce Cunningham, cujas danças eu vira com frequência em Nova York e na França, desde que passara um ano nos Estados Unidos, em 1956, e as fortunas da amizade me levaram, em 1964, a assistir às primeiras apresentações de sua companhia em Paris, no Théâtre de l'Est.

O novo elo criado entre as artes da música e da pintura no trabalho de Merce Cunningham abriu para a dança um espaço que é tão novo quanto adequado para ela. Isso é de tal maneira real que a visão da maioria dos coreógrafos tradicionais ou contemporâneos parece com frequência banal ou antiquada se comparada ao que podemos ver no trabalho de Cunningham. Comparada ao seu estilo, a maior parte da dança contemporânea, frequentemente marcada por um expressionismo datado, não raro beira a caricatura. Por causa disso, uma nova coreografia inventiva, uma linguagem diferente, tem de surgir e se desenvolver. É esse nascimento e desenvolvimento que podemos seguir detalhadamente ao ouvir Merce Cunningham. A sensação pode sem dúvida ser comparada àquela de adentrar um mundo sonoro diferente, uma experiência mais comumente partilhada quando se passa de uma forma musical, demasiadamente familiar e sobrecarregada, a novos problemas e prazeres. Cunningham oferece de fato novos horizontes, uma outra dança, da qual este livro busca revelar algumas leis, visto que as danças em si já nos apresentaram a tanta nova beleza. A fertilidade desse novo campo é reconhecida e admirada por toda uma geração de escritores, artistas e diretores teatrais. As danças de Merce Cunningham foram executadas na maioria das salas e dos festivais, assim como nos ambientes mais inesperados e curiosos.

Quando, em maio de 1977, Merce Cunningham e eu nos encontramos, sentados em um banco no estúdio em Westbeth em meio aos dançarinos que se aqueciam, o *koan* — definido por Merce Cunningham como um enigma vivo a ser resolvido fora da lógica aparente do discurso — foi logo mencionado. À medida que conversávamos, vi com igual clareza as dificuldades da tentativa e sua necessidade. Algumas semanas mais tarde, pude estimar quantas horas semelhantes de conversa densa produziriam o material do livro que eu tinha a intenção de fazer, embora ainda não pudesse imaginá-lo com clareza. Essas conversas se deram em três lugares diferentes, cada um com um clima muito especial. Alguns dias na Maison de la Culture em Rennes, onde a Companhia estava se apresentando, outros em Scheveningen, na Haia, e uma semana em Westbeth, o estúdio em Nova York, forneceram a matéria-prima necessária para o livro. Foram dias de intensa receptividade a estímulos físicos, visuais e também verbais, enquanto aulas, ensaios, programas, projeções de vídeos, a leitura de arquivos e acervos, a escuta de toda espécie de recordações consolidavam e davam um ritmo específico à experiência do diálogo. Merce Cunningham, com uma enunciação contida, rompida às vezes por grandes gargalhadas libertadoras, estava literalmente levantando, e pela primeira vez daquela maneira, as questões vivas da sua arte de dançarino e coreógrafo também.

Depois disso, este livro só precisava ser feito, como Merce Cunningham gosta de dizer sobre sua dança. Foi uma experiência espantosa. E quando tive o prazer de ver a mesma experiência partilhada por Henry Nathan, que empreendeu o delicado processo de trazer o livro de volta ao inglês, ela se tornou completa. Porém, por mais sensíveis que queiramos ser com relação a esta arte, neste campo a dança sempre tem prioridade sobre quaisquer palavras sobre dança, e apenas o dançarino e o coreógrafo — nesse caso, Merce Cunningham — podem verdadeiramente encarná-la.

[JACQUELINE LESSCHAEVE]

...

TORSE

. . .

Não há pontos fixos no espaço.

[JACQUELINE LESSCHAEVE]

Merce Cunningham, as coreografias para dançarinos clássicos ou modernos seguem frequentemente sequências previsíveis: são sobretudo solistas executando variações em relação a (ou contra) um fundo composto por um grupo de dançarinos. Você rompeu deliberadamente com esse procedimento de repetição de sequências conhecidas e se envolveu na exploração da gama de possíveis movimentos. Começando com uma de suas danças recentes, poderia nos dizer com mais detalhes o que a diferencia das formas mais antigas e tradicionais?

[MERCE CUNNINGHAM]

Imagine o que seria ir até o extremo oposto do que você descreveu. Digamos que você tenha oito pessoas, cada uma delas fazendo uma sequência diferente, sendo todas solistas. Isso é imediatamente muito mais complexo. Pense em como dividem o corpo de baile no balé clássico: você tem oito garotas de cada lado do palco, oito garotas que se movem de maneira simétrica, o que se percebe num piscar de olhos. Se você tem esses dois grupos de oito garotas executando sequências totalmente diferentes, não é muito complicado, porém já é mais inesperado. Agora vá ainda mais longe e pegue cada grupo de oito. Faça com que quatro façam uma coisa e as outras quatro, uma coisa diferente. Você vê na mesma hora que pode-se ir ao extremo: pode-se pegar as 16 bailarinas e fazer com que cada uma delas execute movimentos claramente diferentes. Isso seria feito não apenas com o objetivo de ser complexo, mas para abrir possibilidades inexploradas.

Além disso, no balé clássico tal como o aprendi, e até na minha experiência inicial com dança moderna, o espaço era considerado em termos de palco proscênio, ele era frontal. E se, como nos meus espetáculos, você decidisse tornar todos os pontos do palco igualmente interessantes? Costumavam me dizer que nós vemos o centro do espaço como o mais importante: o centro de interesse. Mas em muitas pinturas modernas não era esse o caso, e a noção de espaço era diferente. Então decidi abrir o espaço para considerá-lo igual, e qualquer ponto, ocupado ou não, seria tão importante quanto qualquer outro. Nesse tipo de contexto você não tem que se referir a um ponto específico no espaço. E quando li por acaso a frase de Einstein, "não há pontos fixos no espaço", pensei: com efeito, se não há pontos fixos, todos os pontos são de fato igualmente interessantes e igualmente cambiantes.

Comecei a trabalhar nessa direção, pois ela abre uma enorme gama de possibilidades. Como não se está remetendo uma sequência a outra, você pode estar sempre mudando tudo, o movimento pode ser contínuo, e inúmeras transformações podem ser imaginadas. Ainda é possível ter pessoas dançando a mesma sequência juntas, mas elas também podem dançar sequências diferentes ao mesmo tempo, sequências diferentes divididas de maneiras diferentes, em dois, três, cinco, oito ou o que for. O espaço poderia ser constantemente fluido, em vez de um espaço fixo no qual os movimentos se relacionam. Nós crescemos com ideias sobre um espaço fixo no palco ao qual recorrem o espectador e o dançarino. Mas se você abandona essa ideia, acaba descobrindo um novo jeito de olhar. Pode-se ver uma pessoa não só de frente, mas de qualquer ângulo, com o mesmo interesse.

Sem levar em conta nada além do espaço, você já vê quantas possibilidades foram reveladas. Suponha que agora se leve em conta a dimensão do tempo. Nossas oito dançarinas podem estar fazendo movimentos diferentes, podem até fazê-los no mesmo ritmo, não tem problema, não há nada de errado com isso! [risos] Mas há também a possibilidade de estarem fazendo movimentos diferentes em ritmos diferentes, e é aí que entra a verdadeira complexidade, acrescentando esses tipos de materiais em cima e ao lado uns dos outros. Pode haver quem não goste, mas me parece que quando o indivíduo começa a pensar dessa maneira, as possibilidades se tornam imensas. Um dos elementos que distinguem o meu trabalho das coreografias tradicionais, sejam elas clássicas ou modernas, é certamente esse alargamento das possibilidades.

Seus dançarinos entram com frequência em grupos homogêneos e se separam deles. Esses movimentos dão uma impressão de explosão ou de mudança no tempo e no espaço, mas é desconcertante para aqueles que estão acostumados com mudanças mais lineares.

Mas pense só num grupo de seis pessoas caminhando juntas numa calçada. A qualquer momento, todas podem se afastar em diferentes direções, em diferentes ritmos.

Isso é especialmente perceptível quando vemos crianças se agrupando e separando, se afastando, partindo, em modos dinâmicos muito diferentes. É o mesmo com o voo dos pássaros, ao mesmo tempo fluido e repleto de mudanças abruptas.

Um dos meus últimos trabalhos, *Torse*, foi muito claramente concebido dessa maneira. Os grupos de dançarinos mudam o tempo todo. Eu o terminei em 1975. O espetáculo inteiro foi feito com o uso de operações de acaso, de forma que houvesse a possibilidade de aparecer qualquer formação dos dançarinos.

Digamos, por exemplo, que você tenha dois grupos, não com o mesmo número de dançarinos, um na frente do palco e outro ao fundo, meio em diagonal, e digamos que eles devessem simplesmente trocar de lugar, embora estivessem seguindo duas sequências diferentes. Bem, é claro que poderiam passar um pelo outro, mas digamos que o movimento não permita isso. Suponhamos que o ritmo de um dos grupos seja mais lento, e que quero que ambos os grupos terminem ao mesmo tempo (isso poderia acontecer, sim...). Eu poderia, por exemplo, fazer com que o primeiro grupo começasse e parasse um instante; então o segundo grupo começaria e passaria através do primeiro. Por causa dos ritmos diferentes, eles poderiam terminar juntos, já que o primeiro começaria mais rápido, pararia e depois seguiria em frente, enquanto o outro grupo iria mais lentamente, porém de maneira regular.

Outro elemento dessa dança de que gosto muito, na verdade, é que se você visse a dança toda — ela leva 55 minutos quando as três partes são executadas em sequência —, perceberia que cada um dos dez dançarinos aparece em algum momento como solista. Você tem que prestar atenção, usar os olhos de verdade, mas se você assiste à dança algumas vezes, vê que cada um sai separadamente em dado momento, de alguma forma, de frente ou de costas, como solista. E embora a sensação geral durante todo o tempo seja de que a dança permanece uma dança de conjuntos, ela é também muito individualizada, já que cada dançarino tem, em algum momento, uma oportunidade de aparecer fora do grupo. É bastante sutil; não acontece de maneira óbvia ou num lugar óbvio, mas tenho certeza de que isso é sentido. Ou pode acontecer de não haver grupos no palco, apenas dois únicos dançarinos. Isso também foi decidido por operações de acaso, que incluíam esse constante surgimento de solistas. E como fui resolvendo as coisas passo a passo, não decidi nada de antemão. Quando o acaso tornava um solo possível, longo ou curto, eu via qual dançarino podia executá-lo e de que maneira.

Fiquei particularmente admirada com uma das sequências em que, deixando todos os dançarinos bem nítidos, você coloca todo um grupo deles numa pequena parte do palco, deixando o resto vazio, que, em comparação, fica parecendo muito maior; depois você manda todos eles para o outro lado num fluxo contínuo, o que dá uma sensação de haver muito mais espaço do que se os dançarinos tivessem ficado espalhados por todo o palco.

Se você não divide um palco de maneira clássica, o espaço permanece mais ambíguo e parece maior.

Acho que *Torse*, por causa das muitas questões que levanta, seria uma boa base para o estudo do processo de composição.

Vou dar isso num workshop. Não vou ser capaz de mostrar o espetáculo do jeito como os meus dançarinos o fazem, mas vou mostrar aos alunos o processo básico. O que é interessante aí é que lidamos com todos os elementos ao mesmo tempo, e ainda que para algumas pessoas *Torse* pareça um trabalho clássico, na verdade não é. Os movimentos têm de fato uma certa ênfase na linha, mas ela não é nem um pouco uma linha de balé clássico.

A coerência de um certo tipo de movimento ao longo de *Torse* dá a impressão de que a maneira como ele parece flutuar no espaço é alcançada através de meios muito precisos e usados do começo ao fim, e isso dá a sensação de fluidez que é tão bonita.

Decidi a sequência e a continuidade de antemão, antes que os dançarinos começassem a ensaiar. É claro que não decidi a maneira como eles dançariam essas sequências, mas as sequências em si. Levou muito tempo. Trabalhei nisso sozinho com a ajuda de vídeos. Há 64 sequências, porque esse é o número de hexagramas no *I Ching*. As sequências são formadas como os próprios números. Por exemplo, a número um tem uma parte, a dois tem duas, a três tem três, até 64. Mas não fiz com que a sequência um tivesse uma única batida rítmica, e assim por diante, metricamente. Tomemos a segunda sequência, vai ficar mais claro. As contagens são relacionadas a mudanças de peso. Ou seja, se você se apoia num pé, isso é um; se dobra o joelho, é uma mudança de peso, então são dois. Agora, isso pode ser feito lenta ou rapidamente. Na 64, você tem 64 mudanças de peso. Ou digamos que na décima sequência, por exemplo, você tenha que produzir dez mudanças de peso, o que significa que você está apoiado num pé ou nos dois, tanto faz. Mas você pode ficar num pé só por muito tempo e fazer círculos com os braços, o que não constitui uma mudança de peso, porém muda completamente a estrutura do tempo nessa sequência. Eu as desenvolvi todas antes do período de ensaio com os dançarinos, do contrário nunca teria sido capaz de terminar o espetáculo no tempo de ensaio disponível. E permiti repetições dentro de uma mesma sequência, por exemplo: 36 são nove vezes quatro, ou seis vezes seis.

Isso foi para as 64 sequências de movimentos. Mas aí você pega o espaço e tem um processo semelhante. Numerei o espaço com 64 quadrados, oito por oito. Então usei o *I Ching* da forma como ele aparece: os hexagramas saem em dobro na maior parte do tempo, um sobre o outro, por exemplo 13 sobre 15, isso significa a sequência 13 junto com a 15. Então eu jogava uma moeda para ver quantas pessoas fariam cada sequência dentre os homens, dentre as mulheres ou ambos.

Progressivamente todas as combinações iam surgindo e eu as via de maneira cada vez mais clara, e as experimentava. A maior parte da papelada tinha que ser feita de antemão. Mas o momento crucial é quando você experimenta a coisa fisicamente.

Às vezes todos os dançarinos estariam fazendo a mesma sequência. Isso foi decidido pelo acaso; o número 49, por exemplo, surge umas duas vezes sozinho, e nesse caso eles dançavam em sincronia. Vamos olhar para tudo isso com mais atenção: por exemplo, esse é o hexagrama 13 sobre o hexagrama 12, e digamos que o seguinte é por acaso o cinco ou o sete. Eu já tinha preparado o que seria a quinta sequência, e trabalhando nela com os dançarinos eu via como ela podia se mover no espaço, começando onde eles estavam antes. Fiz o mesmo com o espaço que eles ocupavam, numerado, como você se lembra, de um a 64: alguém estaria de pé no espaço 13 e alguém no 12. Eu escolhia quantos dançarinos entrariam naqueles dois espaços, e para ir até 49 em termos de espaço — 49 é um lugar específico — eles iam todos naquela direção, mas podiam fazer isso com tal ou tal desvio de acordo com a sequência que tivessem que dançar. Essa última questão é importante, já que os dançarinos podem perfeitamente ir direto até lá ou ir formando círculos ou qualquer figura que seja sugerida pela sequência de dança para chegar lá. A sequência de dança em si era gerada, como você se lembra, pelo seu próprio número.

Então criei uma tabela espacial e uma tabela de movimentos, ambas com 64 unidades distintas, e tinha de lidar com as duas. Às vezes surgia a possibilidade de saídas ou entradas, ou de um dueto, e isso era decidido atirando moedas, que determinavam que alguns dançarinos deixassem ou não o palco. Eu atirava uma moeda para ver o que fazer. Foi assim que aqueles trios e duetos apareceram no espetáculo. Isso resultou numa mudança contínua.

Há apenas uns dez dançarinos, mas ficamos com a impressão de que há uma revoada deles. Esse deslocamento constante dá a impressão de que eles estão em toda parte.

Eu sei. Uma senhora viu *Torse* certa vez e disse: "Mas você deve ter sessenta dançarinos." Para muita gente, sobretudo pessoas acostumadas com o balé clássico, é um espetáculo muito difícil de assistir. Elas ficam perturbadas porque percebem que o espetáculo é claro, mas não conseguem entendê-lo, não conseguem lidar com ele à primeira vista.

É ao mesmo tempo preciso e estrito, e num movimento constantemente cambiante. Entendo melhor agora por que uma pessoa que conheço bem, um matemático, gostou tanto de *Torse*. Ele literalmente viu números em ação. Para dar essa sensação contínua de fluxo, você deve ter sido bem seletivo na escolha dos movimentos propriamente ditos.

Deixei mesmo alguns movimentos de fora, você tem razão. Estava pensando no torso, como indica o título, e mantive sobretudo a gama de movimentos corporais que corresponde às cinco posições das costas e da coluna, posições com as quais trabalho predominantemente: ereta, curva, em arco, torcida e inclinada. Essas cinco posições básicas são muito claras, assim como as posições das pernas e dos braços em relação a elas. Ao reunir tudo isso para formar as sequências, há várias possibilidades, embora elas fiquem dentro de um mesmo vocabulário. Ele é vasto porém estrito. Lembro, no entanto, que quando os dançarinos executaram *Torse* pela primeira vez, acharam muito difícil. Agora estão acostumados, alguns até o executam extremamente bem, os que já dançaram o espetáculo mais vezes, como Chris Komar, Robert Kovich, Ellen Cornfield e Meg Harper.

Até que ponto os dançarinos estão cientes da complexidade da estrutura com a qual trabalham?

Acho que eles têm consciência dela porque mesmo que você só esteja dançando uma parte, depois de um tempo irá começar, se tem um mínimo de conhecimento, a desenvolver uma noção do que os outros estão fazendo, e percebe que estão fazendo uma coisa diferente. Você tem que começar a saber onde está o outro dançarino, sem olhar. Tem a ver com tempo, a relação com o timing. Se você prestou atenção no timing, então, mesmo que não estivesse de frente para eles, você sabia que eles estavam lá. E isso criou uma relação. Depende também de como você acha que algo pode ser criado. Se você sempre acha que relações são de um único jeito, então é desse jeito que você faz. Mas se você acha que relações podem ser de muitos jeitos, isso entra na sua possível percepção. É como um gato. Ele não precisa se virar e olhar para algo para saber que aquilo está lá. Em seres humanos, isso vem com a experiência, e os meus espetáculos certamente desenvolvem essa faculdade.

Uma palavrinha sobre a música de *Torse*.

A música é de Maryanne Amacher. Não sei como descrevê-la, ela quase não se ouve. Às vezes não há som algum. De vez em quando ouço um trem de ferro. São quase sons subliminares. É muito silencioso. Meio parado.

Que indicações você deu para a música?

Nenhuma. Perguntei a John [Cage] quem ele achava que poderia compor algo para *Torse*, e ele sugeriu Maryanne.

Ele sabia sobre o espetáculo que você esperava fazer?

Estou tentando me lembrar... Acho que devia saber alguma coisa, porque eu estava trabalhando tanto naquilo antes de criar o espetáculo, fazendo todas aquelas tabelas.

Eu gostaria de pular para o seu trabalho com vídeo e falar sobre o esplêndido filme (tela dupla) de *Torse* que você fez com Charles Atlas, em 1977, e para o qual trabalhou como um dos cinegrafistas!

Sim, é um filme colorido do espetáculo inteiro, também com 55 minutos de duração. Escolhemos a tela dupla por causa da natureza da coreografia. Não teria sido possível com uma tela só. Fizemos a gravação numa grande sala em Seattle onde a companhia de dança estava em residência, uma sala que permitia um trabalho muito bom com a câmera. Também nessa ocasião preparamos todas as tomadas com antecedência. A gravação em si durou apenas três dias. A ideia é que nas duas telas se veja tudo que acontece no palco. Quando metade da Companhia aparece em uma das telas, a outra metade aparece na outra, esse é o caso mais simples. Não fizemos muita coisa assim porque a própria dança se abre e fecha tantas vezes. O outro caso extremo é aquele em que toda a dança pode estar acontecendo em uma tela durante alguns segundos, enquanto a outra está vazia.

A princípio, me senti esquisito como cinegrafista... E tinha medo de ter desperdiçado filme e dinheiro, mas acabou que a câmera é que não estava funcionando!... Uma das três câmeras era fixa e cobria o palco inteiro, e as outras duas, móveis, foram colocadas um pouco mais abaixo. A câmera fixa ficou a cargo de um técnico e as móveis foram operadas por Charles Atlas e por mim. Seguíamos os grupos de dançarinos e fazíamos os closes possíveis. Depois disso, Charles Atlas editou o filme. Na sua versão final ele é projetado em duas telas usando dois projetores sincronizados.

A DANÇA
É COMO A ÁGUA

. . .

[JACQUELINE LESSCHAEVE]

Sei que você não gosta nada de falar sobre dança. Prefere dançar, e entendo isso. Se levanto esse tema é para poder encarar a contradição entre as artes mudas, visuais, e as artes da linguagem, uma contradição frequentemente evocada por artistas que, como você, trabalham com seus corpos.

[MERCE CUNNINGHAM]

Sim, é difícil falar sobre dança. Ela não é tão intangível quanto efêmera. Eu comparo ideias sobre a dança, e a dança em si, à água. Seguramente, descrever um livro é mais fácil do que descrever a água. Bem, talvez... Todos sabem o que é a água ou o que é a dança, mas essa própria fluidez as torna intangíveis. Não estou falando sobre a qualidade da dança, mas sobre a sua natureza.

Mas a música também não é fluida?

Sim, é verdade, mas a música pelo menos tem uma literatura, uma notação. Se você quiser ler uma música, pode pegar uma partitura e ter uma ideia dela. Não há nada assim na dança, até muito recentemente. Tudo está na memória das pessoas. Além do mais, e isso é óbvio, os dançarinos trabalham com seus corpos, e cada corpo é único. É por isso que não se pode descrever uma dança sem falar sobre o dançarino. Não se pode descrever uma dança que não foi vista, e o jeito de vê-la tem tudo a ver com os dançarinos, a armadilha é essa. Pessoalmente, acho isso maravilhoso. Como alguém poderia fazer a experiência da dança sem ser através do próprio dançarino?

Entendo o que você está enfatizando, mas, curiosamente, não estou totalmente convencida. Gosto muito da primavera e da água... e entendo o que você quer dizer quando fala do caráter efêmero e fluido da dança, mas será que isso não é, de alguma forma, fazer da necessidade uma virtude? Ainda não se conseguiu fazer de outra forma, então finge-se que isso é ótimo.

É possível que isso tenha que mudar, à medida que o interesse público vai crescendo. Atualmente, há algumas tentativas sérias de se escrever sobre dança. Penso sobretudo nos escritos de Edwin Denby. Eles estão certamente entre os mais perspicazes e poéticos. Foram reunidos em diversos volumes. É verdade que falar sobre dança facilmente se transforma ou descamba em comentários e fofoca sobre celebridades. Enquanto os músicos fazem uma distinção bem clara entre a composição musical e a interpretação do músico.

Poderíamos falar, também na dança, em "composição" coreográfica? Isso quase nunca é feito, mas é possível, não é?

Sim, isso certamente vai acontecer. Vai ser diferente quando houver mais literatura. Durante séculos a dança foi transmitida entre as pessoas sem notação, o que ainda é amplamente feito, embora as coisas estejam mudando lentamente.

Esse modo de transmissão, sem dúvida, teve consequências no treinamento dos jovens dançarinos e coreógrafos.

Certamente. E também deve se levar em consideração que, como todo mundo, a pessoa que dança tem problemas, problemas banais, é mais ou menos alta, pula mais ou menos alto. Tudo isso afeta muito mais do que se imagina a forma como as pessoas veem a dança.

Lembro de ter ido assistir a um programa de dança muito tempo atrás com Edwin Denby. Falamos sobre tudo isso, e especificamente sobre o fato de que a pessoa vai ver um dançarino dançar. Um dia você pode acabar vendo a mesma dança de novo, talvez com o mesmo dançarino, mas ela também pode ser muito diferente. Ele ou ela podem dançar de maneira diferente naquela noite, ou você pode ver aquilo de maneira diferente. Edwin achava que os comentários mais pertinentes sobre dança geralmente não eram feitos por profissionais e sim por observadores e amadores esclarecidos.

Falando nisso, você viu o livro de Loïe Fuller?[1]

Não, mas sei que ela escreveu um livro.

É engraçado. Ela era uma mulher e dançarina extraordinária. Mas há muitos poucos indícios disso no livro. Em compensação, lemos relatos de quando ela conheceu príncipes e soberanos de seu tempo. Podemos tentar imaginar o que devem ter sido sua audácia e seu talento, mas o livro parece mais um conto de fadas misturado com muitas informações triviais.

Sim, muitos dançarinos são assim.

O enorme livro de anotações de Martha Graham[2] **é impressionante por seu tamanho, mas você viu algo de interessante nele?**

Não vi o livro.

Você mesmo publicou um livro chamado *Changes: Notes on Choreography* [Mudanças: notas sobre coreografia].[3] **O livro é composto de maneira bem especial...?**

Eram só anotações sobre danças que nunca eram completas, já que às vezes eram desenhos, às vezes indicações de passos, às vezes instruções bastante completas sobre a dança; ou eram simples croquis que eu fazia para dar a mim mesmo uma indicação de como deveria ser

1. Fuller, Loïe. *Fifteen years of dancer's life: With some account of her distinguished friends* [Quinze anos na vida de uma bailarina: com relatos de seus amigos ilustres]. Nova York: Dance Horizons, 1977.
2. Graham, Martha. *The Notebooks of Martha Graham* [Os cadernos de Martha Graham]. Nova York: Harcourt, 1973.
3. Cunningham, Merce. *Changes: Notes on Choreography*. Nova York: Something Else Press, 1968.

o movimento. Havia fotografias no livro, é claro, e os escritos eram menos artigos e mais anotações para demonstrações nas aulas. Tudo estava sobreposto, uma coisa em cima da outra, como você deve ter reparado se viu o livro. Dois comentários a esse respeito: a ideia era fazer uma apresentação que fosse de alguma forma comparável a certas coreografias que eu crio. No livro, onde as danças são simples, as páginas sobre elas são simples, e não necessariamente sobrepostas. Onde as próprias danças são complexas, aí sim, as coisas são sobrepostas, e é nesse sentido que o livro torna-se comparável à dança.

Houve também um problema de produção com o livro. Eu estava viajando em turnê quando ele foi impresso. Algumas das páginas foram impressas de um jeito errado, e sem clareza. Eram difíceis até de ler. Tudo, no entanto, tinha originalmente a intenção de ser claro. Dick Higgins, que administrava na época a Something Else Press, que já não existe, estava reimprimindo diversos livros que haviam sido lançados antes, como *The Making of Americans*,[4] de Gertrude Stein. Era uma editora maravilhosa. Ele me pediu para fazer um livro e disse: "Você pode fazer o que quiser." A princípio, falei: "Não posso, não tenho tempo." Ele respondeu: "Vou arranjar alguém para trabalhar com você." Então encontrou Frances Starr, que editou o livro e na verdade fez muita coisa nele, quase tudo, aliás. Eu falava com ela para conseguir o material, mas aí tinha que correr, viajar para a turnê, depois voltava, e finalmente Dick disse que tínhamos que lançar logo o livro senão isso nunca ia acontecer. Então decidimos publicá-lo. Mas, como falei, eu estava sempre viajando, de forma que algumas páginas acabaram saindo diferentes do que fora planejado.

Por último, gostaria de dizer que Jim Klosty publicou, em formato bastante regular, um lindo livro de fotos chamado Merce Cunningham.[5]

4. Stein, Gertrude. *The Making of Americans* [O modo de ser dos americanos]. Nova York: Harcourt, 1934.

5. Klosty, James. *Merce Cunningham Photographs*. Nova York: Limelight Editions, 1986.

DE SEATTLE A NOVA YORK

. . .

[JACQUELINE LESSCHAEVE]

Merce Cunningham, como você virou dançarino?

[MERCE CUNNINGHAM]

Eu não virei dançarino, sempre dancei. Sempre tive um apetite pela dança. Mas devo dizer que também não foi algo que me ocorreu de repente, aos cinco anos de idade, que eu pudesse virar dançarino. Não há nada na história da minha família para sugerir que eu fosse me tornar dançarino. Meu pai era advogado e meus dois irmãos também. Um deles agora é juiz. Ambos sempre viveram na mesma cidade no estado de Washington.

Você se sentia diferente desde o início?

É difícil dizer isso, e entender. A única coisa que me ocorre é que meu pai tinha um certo talento teatral no tribunal. Não consigo imaginar mais nada, ou pelo menos nada óbvio.

Se ele era advogado, imagino que apreciava as artes da linguagem.

Sim. Também tinha um ótimo senso de humor e adorava boas histórias. Era uma pessoa incrivelmente aberta e generosa, maravilhosamente tolerante para alguém que havia passado a vida toda numa cidade pequena. Para ele não importava que profissão a pessoa seguisse, contanto que ela se esforçasse de verdade. Ele amava pessoas muito diferentes. Só não gostava de gente falsa, de "charlatões", como ele dizia. Então lá estava eu, aos oito anos de idade, já dançando, indo para a escolinha de dança em Centralia. Eu quis ir para lá sem saber do que se tratava, e meus pais deixaram.

Mais do que dançar, era a ideia de estar no palco, na sala de teatro, que me atraía. Mais tarde, ainda sem ter a menor ideia do que eu ia virar, a dança sempre foi para mim uma parte integrante do teatro.

Quando eu tinha oito anos, lembro de dançar "The sailor's hornpipe" [A canção dos marujos]. Era uma dança comum no vaudeville e nos salões de música nos Estados Unidos. Era ensinada nas pequenas escolas.

Minhas aulas de dança não duraram muito porque a escola logo foi fechada, e aí não houve mais nada. Então, durante vários anos, continuei a estudar sem estudar dança. Mas aos 13 anos perguntei a minha mãe se podia aprender sapateado com a sra. Maud Barrett, que tinha aberto uma escola de dança em Centralia. A sra. Barrett frequentava a mesma igreja da minha mãe, que aliás nós todos frequentávamos, porque fomos educados como católicos. Eu não a conhecia, mas sabia que ela era amiga da minha mãe. Tenho certeza de que meus pais ficaram muito surpresos com o que eu estava pedindo, mas fizeram minha vontade. Na verdade, eu tinha visto, uns dois anos antes, lá pelos 11 anos de idade, um evento que a sra. Barrett havia organizado. Ela fazia uma apresentação todo ano numa sala de teatro da cidade que era usada como cinema mas fora em sua origem um teatro de vaudeville. Havia um palco pequeno, mas ainda assim um bom palco. Ela colocava seus alunos ali e eles faziam toda espécie de dança. Ela conhecia sapateados, valsas, *soft shoe* e muitas outras danças. A plateia estava cheia com os pais das crianças que estavam se apresentando. Me lembro das criancinhas dançando com uma variedade de fantasias que ela guardava ano após ano.

Então, em dado momento, ela apareceu no palco usando um vestido amarelo com calças largas brancas e sapatos pretos de couro envernizado, balançando clavas indianas no ar. Eu nunca tinha visto alguém fazer aquilo, e ela também falava com a plateia, porque eram todos seus amigos; foi uma visão e tanto. Então ela largou as clavas na lateral do palco. Não chegou a parar de falar. E vestiu algo por cima da calça. A princípio não consegui descobrir o que era, mas depois me dei conta de que se tratava de um grande elástico. Então ela plantou uma bananeira e começou a andar pelo palco assim, sem parar de falar. Foi uma visão tão incrível, aquela mulher que já não era jovem com toda aquela energia. Me chocou. Pensei: tenho que estudar dança. E meus pais me deixaram estudar com ela. Meu pai acreditava em deixar as pessoas fazerem o que queriam. A ideia dele era que, contanto que você se esforçasse, estava tudo bem. E ele gostava bastante da sra. Barrett. Ela havia feito parte de um circo, de um vaudeville também. Devia ter quase cinquenta anos na época, uma mulher maravilhosa, cheia de energia e humor. Eu era fascinado por ela quando criança. Ela nos ensinava um tipo de sapateado e a gente tentava imitar embaralhando tudo. Então ela se levantava daquele jeito nervoso e enérgico dela e dizia: "Não, não é assim." Repetia o movimento e os pés dela simplesmente voavam, era magnífico. Dava para ouvir, ainda consigo ouvir. Era perfeito, e o que a gente fazia não era. Consigo ouvir o tipo de som que ela fazia, o ritmo era excepcional. Depois de alguns anos ela passou a me pedir para dançar com a sua filha, Marjorie, que era dois ou três anos mais velha do que eu. Ela criava coreografias de sapateado para nós dois. A gente as executava em pequenos salões. Eu estava no ensino médio na época, e fizemos isso durante vários anos. Então, certo verão, quando eu ainda estava no ensino médio, ela sugeriu que fôssemos para a Califórnia em turnê. Ela iria com a filha e comigo, e também queria levar a sra. Fail, que tocava piano nas apresentações. Levou também seu filhinho Leon. É claro que a gente não tinha dinheiro algum, nem nada, isso era uma constante. Achei a ideia toda sensacional, claro, embora eu não soubesse realmente o que estava acontecendo. Partimos. A sra. Barrett tinha um carro velho engraçado, e nós cinco (Leon era muito pequeno) entramos nele. Lembro que minha mãe quis nos acompanhar até parte do caminho, então mamãe levou o carro para encher o tanque de gasolina antes de começarmos a viagem. Tenho certeza de que meus pais acharam aquilo uma maluquice, a ideia toda. Mas lá fomos nós, acho que sem qualquer compromisso, se é que se pode chamar isso assim, antes de partir. Era uma aventura de verdade. Mas a sra. Barrett estava determinada e àquela altura Marjorie e eu tínhamos uma espécie de ato, primeiro um dueto juntos, depois ela fazia o que a sra. Barrett chamava de single, então eu fazia um single e fazíamos uma coreografia juntos, daí Marjorie fazia algum outro tipo de sapateado e eu fazia uma dança russa, às vezes sentado nos calcanhares com as pernas estendidas para a frente. Fazíamos uma dança de salão para encerrar. Então prestávamos reverência e pronto. Enquanto Marjorie dançava sozinha eu tinha que vestir um terno completo, e só tinha dois minutos. Era muito engraçado. Enfim, a sra. Barrett conseguiu algumas apresentações para nós em três ou quatro clubes, e às vezes a gente se apresentava em cinemas onde havia espetáculos. Dançávamos entre um filme e outro. Chegamos a Los Angeles. Não me lembro de ter me apresentado em São Francisco, embora isso talvez tenha acontecido. Foi há muito tempo. Ficamos lá pelo menos um mês e finalmente voltamos para casa.

Essa foi a sua primeira experiência com um público.

Dançar daquele jeito era estranho porque normalmente a gente se apresentava em feiras e pequenos clubes perto de Centralia.

Depois frequentei durante um ano a George Washington University, em Washington DC, e não gostei nem um pouco. Fiz um pouco de dança, fui a algumas aulas. Era uma dança tipo comédia musical, não era um balé clássico rigoroso. Era claro o bastante, mas não era tão interessante para mim quanto a sra. Barrett. Logo depois disso eu quis muito estudar teatro. Não conseguia tirar essa ideia da cabeça. Então voltei para casa e disse aos meus pais que queria ir para Nova York. É claro que eles não aceitaram aquilo. Estava fora de questão.

Naquela idade você já quase podia fazer o que quisesse?

É verdade, mas eles sugeriram que eu fosse para uma escola em Seattle, porque conheciam a mulher que a dirigia, que se chamava Cornish. A escola tinha o nome dela, The Cornish School for Performing and Visual Arts. Acabei mesmo frequentando a escola durante dois anos. Era um lugar maravilhoso. A srta. Nellie Cornish era uma mulher notável, com uma verdadeira noção de como treinar jovens nas artes. Ficávamos na escola das oito da manhã até as seis da tarde. Como dizia Tia Nellie, “você monta o seu próprio horário aqui”. Às oito tínhamos uma aula de técnica de dança. Era o trabalho de Martha Graham ensinado por Bonnie Bird, que fizera parte da sua companhia. Era uma professora muito boa. Então às 9h30 havia uma aula de eurritmia, duas ou três vezes por semana. Havia uma aula de teatro, e era por isso que eu ia, queria ser ator, mas gostava de dançar, então ia às aulas de dança também. Havia aulas de interpretação, de dicção e de canto, uma oficina sobre criação de coreografias, composição, história do teatro em dado momento, e outra aula de dança.

Você teve sorte.

Sim, mais tarde me dei conta de quanta sorte eu tive. A princípio pensei: se uma escola em Seattle é assim, uma escola em Nova York deve ser sensacional.

Você tinha 18 ou 19 anos na época.

Eu nunca tinha tido um treinamento sério de dança antes daquilo. Durante meses eu mal conseguia subir escadas, mas continuei. Dia após dia, às oito da manhã. A gente tinha duas aulas técnicas por dia, quase todo dia, mais todos os ensaios.

No primeiro verão fui para o Mills College, em Oakland, na Califórnia. Bonnie Bird, da Cornish, conseguiu uma bolsa para mim. Fui até lá de carona, mas não tive que pagar pelas aulas, o que foi uma sorte, já que eu não tinha dinheiro algum. Voltei à Cornish para o segundo ano, e esse foi o ano em que John [Cage] esteve lá. Ele tinha ido para tocar nas aulas de dança. E também criou uma orquestra de percussão, da qual me pediu para participar, o que achei sensacional. A escola estava como antes; quer dizer, a srta. Cornish ainda estava no comando. No segundo verão voltei para o Mills College, onde toda a Bennington School of the Dance estava em residência. Martha Graham, Doris Humphrey, Charles Weidman e Hanya Holm estavam lá. Eu ouvira falar neles durante anos, mas nunca os vira. Martha Graham me pediu para ir a Nova York e entrar na companhia dela. Eu só disse sim. Sabia que não queria voltar à Cornish, e embora eu simplesmente não soubesse bem como, sabia que iria para Nova York. Aquilo era só uma desculpa: de certa forma, não tinha a menor ideia do que eu ia fazer, nenhuma mesmo. Eu nunca a vira dançar, nem no curso de verão. Eles só iam até lá e ensinavam, não faziam nenhuma performance. Me pediram para integrar duas outras companhias, mas elas não pareciam tão interessantes. Além disso, eu fora preparado para Martha Graham por Bonnie Bird. Então fui. Quer dizer, voltei para Centralia e simplesmente disse aos meus pais: "Estou indo para Nova York." Minha mãe ficou boquiaberta. Meu pai olhou para mim, depois olhou para ela e disse: "Deixa ele ir, ele vai acabar indo de qualquer maneira."

Parti para Nova York. Peguei um trem e fiquei sentado durante os vários dias que aquilo levou. Na época você podia viajar pelo país inteiro pelo mesmo preço, então fui a São Francisco e Los Angeles, onde conhecia algumas pessoas, e parei em ambas as cidades. Depois, fiz a travessia até Nova York. Fui para o estúdio Graham e Martha disse: "Ah, não achei que você viria." Não falei nada, mas pensei: "A senhora não me conhece muito bem." Ela era espantosa, muito bonita, e uma dançarina sensacional. Eu achava fantástico assisti-la. Em poucos anos, ela se tornou uma importante figura pública. Até aquele momento ela só tinha mulheres na sua companhia, então chamou um homem, Erick Hawkins, para dançar com ela. Foi o primeiro homem. Tenho certeza de que foi só por acaso que passei a fazer parte da sua companhia, somente porque apareci. Mas, na verdade, ela não sabia muito sobre dança para homens. Comecei a estudar na sua escola e a ver outras coisas. E todo dia havia uma aula. Eu não tinha dinheiro. No que dizia respeito a isso, eu mal conseguia sobreviver e batalhava para ganhar a vida. Não tinha que pagar pelas aulas, então estava tudo bem contanto que eu conseguisse achar um jeito de sobreviver no dia a dia. Arranjei um trabalho naquele primeiro ano dando aulas numa escola durante algumas horas, e chegamos a sair em turnê durante o ano. Para aquela época foi uma turnê bem longa, de umas seis semanas. Também fizemos duas ou três apresentações em Nova York.

Depois de um tempo, fui estudar na American Ballet School. Na verdade, Martha sugeriu que eu fosse para lá. Lincoln Kirstein, que dirigia a escola, era amigo dela, e acho que ela pensou que seria bom para mim ir para outro lugar, onde houvesse uma técnica que impeliria o meu corpo de um jeito diferente do trabalho particular que ela fazia. Estou adivinhando, porque na verdade...

Lembro de Lincoln Kirstein dizendo: "Para que você quer estudar balé? Você é dançarino moderno." Eu disse: "Gosto muito de todos os tipos de dança." O que era verdade. Não tinha nenhum sentimento forte numa direção específica. De alguma forma eles deram um jeito para que eu pudesse estudar lá, tive que pagar uma pequena quantia, consegui, e eles foram muito gentis. Estudei de maneira entrecortada durante mais ou menos um ano, provavelmente mais que isso, mas não regularmente porque estava trabalhando com Graham também.

Como você passou do teatro para a dança?

Bem, no meu primeiro ano em Nova York, eu estava com uma pequena companhia de teatro, e fizemos algumas peças. Eu fazia parte de duas delas, uma das quais era uma peça de e.e. cummings chamada *him*. Nós a apresentamos duas vezes, não num teatro, mas na sala de estar de alguém. Eu até tinha dificuldade em ir a todos os ensaios. Me dei conta de que no ano seguinte aquilo não ia funcionar, eu teria que fazer só a dança ou só outra coisa, e decidi continuar com a dança, mas acho que a escolha já tinha sido feita na Cornish, porque mesmo quando estava lá, no segundo ano, já estava fazendo mais dança do que teatro. Eu também estava interessado na possibilidade de participar de comédias musicais em Nova York. Primeiro, esse era um jeito de dançar como profissão, em vez de batalhar para sobreviver, mas fui perdendo o interesse na ideia gradualmente.

Houve várias turnês curtas com Graham. Em 1944, John Cage e eu fizemos nosso primeiro programa. Comecei a trabalhar nas minhas próprias danças provavelmente no meu segundo ano lá, só para treinar a criação de coreografias. Eu ainda estava com a Companhia Graham, mas foi a mesma coisa que aconteceu quando decidi ir para Nova York: eu sabia que chegaria o momento de deixar a companhia. Embora isso só tenha acontecido um ano depois, eu já tinha tomado a decisão. Fiz seis solos, no total, e os apresentamos no Humphrey Weidman Studio. Os solos duravam dois ou três minutos. Um deles tinha cinco ou seis. Eu trocava de roupa entre cada um. Troco de roupa muito rápido, é um legado dos meus dias de vaudeville com a sra. Barrett. O teatro que Doris Humphrey e Charles Weidman tinham na rua 16 era pequeno, mas o espaço de dança era até bem grande. Não era impossível, e havia alguns lugares, uns 150. Decidimos fazer nossa apresentação ali. Foi um problema tão grande conseguir pagar e fazer aquilo! No ano seguinte, embora eu ainda estivesse com Graham, fiz um programa solo em outro teatro, no Hunter College Playhouse, que era maior do que o que tínhamos usado no ano anterior. Eu tinha sido treinado até então em aulas de composição com Louis Horst na Cornish School, com todas aquelas ideias sobre as formas do século XIX como variação, sonata, chacona, ABA, e assim por diante. Não achava isso muito interessante, e, a partir do início das minhas danças solo, comecei a trabalhar com John Cage, que já tinha ideias sobre estrutura que eram ao mesmo tempo claras e contemporâneas.

Comecei com a ideia de que, antes de tudo, qualquer tipo de movimento podia ser dança. Não expressei isso assim na época, mas achava que qualquer tipo de movimento podia ser usado como movimento de dança, que não havia limites nesse sentido. Então evoluí para uma ideia de que cada dança devia ser diferente, ou seja, o que se encontra em uma dança no que diz respeito a movimento deve ser diferente do que se usou nas danças anteriores. O que estou tentando dizer com isso é que na busca por movimento eu procurava algo que não conhecia, mais do que algo que já conhecia. Mas quando você encontra algo que não conhece ou não sabe como fazer, você tem que encontrar um jeito de fazê-lo, como uma criança tropeçando e tentando andar, ou um pequeno potro tentando se levantar. Você percebe que tem essa coisa incômoda que muitas vezes é interessante, e eu pensava: "Ah, preciso treinar isso. Tem algo aí que não conheço, algum tipo de vida." Daí surgia, talvez, algo que eu achava alegre. Eu via como aquilo funcionava na estrutura, mas, como sempre digo, a estrutura não era algo que nos prendia. Era algo subjacente, com o qual você tinha que brincar.

É bem difícil se desfazer daquilo que supostamente você deve saber.

Ah, com certeza, é difícil. Primeiro, é difícil fazer isso em qualquer caso, por causa dos hábitos e do crescimento. A maioria dos dançarinos morre de medo de perder o que treinou. Embora eu realmente ache que não expressava isso dessa maneira, tinha uma sensação de que deve sempre haver outra coisa, sempre deve haver algo mais. Tipos diferentes de movimento. Ao mesmo tempo, como qualquer outro dançarino, eu ia às aulas todos os dias. Ou melhor, eu mesmo fazia, porque naquele período já estava dando aulas. Trabalhava sozinho, como ainda faço, de manhã.

É muito difícil trabalhar sozinho.

É horrível, e a coisa mais difícil é manter a resistência e o ritmo sem alguém ali com quem competir. Tenho certeza de que, ao longo dos anos, é por isso que tenho uma espécie de estrutura na aula, porque sem isso jamais teria conseguido sustentar a coisa; sem isso a pessoa se dissolve. Não diria que todos precisam disso, mas eu precisava. Toda a sua energia se levanta e você a mantém se trabalha na criação de uma estrutura. As pessoas têm a tendência, quando trabalham sozinhas, de fazer ora o que conhecem, ora de fazer muito, digamos, de um único exercício certo dia e não fazê-lo no outro. Mas a minha ideia sempre foi: "Ah, preciso fazer tudo, todo dia, mesmo que só um pouco." Até hoje, em turnê, acordo bem cedo e vou para o teatro antes dos outros dançarinos para treinar uma hora, uma hora e meia se houver tempo, antes de lhes dar aula, porque sei que a maioria deles não pode. Alguns poderiam fazê-lo sozinhos, mas a maioria não pode. Eles não saberiam como fazê-lo direito. Eu tive que aprender. E isso pode se deteriorar também.

Na época sobre a qual estamos falando você já estava treinando sozinho, sem frequentar aulas na American Ballet School ou na Graham...

Não, fazia meu trabalho, treinava minhas danças e ia aos ensaios na Graham enquanto ainda estava na companhia. Mas pouco tempo depois saí, e aí fiquei simplesmente por conta própria.

Como foi para você usar os dois estilos de treino: Graham e balé clássico?

Na Compania Graham, eu provavelmente parecia um bailarino porque minhas pernas ficavam retas e eu tinha uma certa leveza. Mas eu não tinha tido treino em balé quando cheguei lá. Quando eles diziam "Ah, você deve ter estudado balé", eu não entendia por que pensavam isso, porque minha experiência na época era muito limitada. Mas à medida que observava e assistia, comecei a entender. Pude ver por que eles achavam aquilo. Mas eu não era enormemente equipado. Tinha que treinar o tempo todo. Eu não era refinado em nenhum sentido. E também não entendia de balé. Havia tantos detalhes técnicos estranhos a mim que era simplesmente uma questão de aprender como fazê-los. Os maiores professores da escola, na época, ensinavam o estilo russo. Dois haviam estado com Pavlova.[6] Era um estilo russo que se tornara popular a partir da década de 1910. Eu o aprendi e aquilo foi confuso para mim, porque eu tinha alguma técnica, e não entrei como aluno primário. Tentei captar aqueles exercícios sem nunca saber qual era a essência deles. Mas trabalhei naquilo e comecei a ter uma ideia do que eu estava fazendo. Trabalhava sozinho e tentava entender quais

6. Anna Pavlova (1881-1931) foi uma bailarina russa que marcou o balé clássico como primeira bailarina absoluta, desde que Michel Fokine coreografou para ela *A morte do cisne*, em 1905. [N.E.]

eram os princípios básicos por trás daqueles exercícios, ou os da Graham. Para que serviam? O que as costas fazem quando a perna está na horizontal, e assim por diante? Passei horas tentando montar esse quebra-cabeça.

Onde você trabalhava nessa época? Onde fazia isso?

Em um loft minúsculo na rua 17, num lugar que estava caindo aos pedaços, é claro. Eu tinha uma área onde morava, na frente, e um espaço de trabalho nos fundos. Tinha um pequeno... como se chama? Um pequeno fogão a barriga, redondo, com um cano grande que passava atrás e era o que mais aquecia o lugar. Eu costumava catar lenha na rua e colocar lá dentro para me aquecer. Na verdade tinha um pouco de calor durante o dia, mas as noites eram congelantes. Era um prédio velho, frio, muito frio, mas se eu me sentasse perto e tivesse madeira o bastante, dava para aguentar.

Tenho certeza de que foi naquela época que algo começou a acontecer gradualmente, embora eu não pudesse saber o que era. Eram exercícios detalhados, e eu queria manter essa ideia do uso das costas de alguma forma com as pernas. Tinha muita facilidade com as minhas pernas, com a velocidade, a precisão, tudo isso. Não tinha dificuldade nenhuma com ritmo, e nunca entendia quando algumas pessoas tinham dificuldade. A sra. Barrett disse certa vez: “Ah, seu ritmo é ótimo.”

Fora isso, no estilo Graham, não paravam de falar do peso do trabalho. Eu entendia a essência de Martha. Podia vê-la. A gravidade. Achava lindo o jeito como ela se movia. Mesmo na primeira vez em que estive lá, eu a achei fantástica, mas não achei o resto nem um pouco interessante. Aqueles exercícios que eles fazem sentados no chão, eu conseguia fazê-los, mas quando saí da Graham nunca mais os fiz. Eu só tentava ver qual era o movimento, não esperava que ficasse igual ao que ela fazia, de jeito nenhum. A mesma coisa com exercícios de balé: se coloco minha perna lá para a frente e ela tem que ficar a um ângulo de 180° e minhas costas têm que estar retas, como é que eu faço isso? E você tem que estar de braços abertos. Como eu faço isso? Não era só uma questão de ego, era para descobrir, já que eu não tinha ninguém com quem trabalhar a não ser eu mesmo. Ao mesmo tempo, não era só para alcançar uma posição, mas para saber como ir de um passo a outro. Essa é uma das questões-chave da dança. Eu acho que é o que constitui a dança. Ao mesmo tempo, a posição, quando você chega nela, tem que estar clara.

Era difícil para mim, na época — provavelmente ainda é —, conversar com dançarinos. Não que eu não goste deles. Eles falavam sobretudo do jeito como uma pessoa fazia uma coisa: não gostavam disso ou gostavam daquilo, sempre tinha a ver com personalidades. É como fofoca. É divertido e eu também gosto, mas eu também queria conversar sobre ideias e não havia ninguém com quem eu pudesse falar sobre isso, a não ser John. Não conseguia conversar com os dançarinos. Todos os dançarinos de Graham a achavam maravilhosa, e se eu dissesse qualquer coisa contra o trabalho dela seria o fim. O pessoal do balé não sabia quem eu era e naquela época não falaria comigo, de qualquer maneira.

O que eu estava tentando descobrir era como as pessoas se movem, dentro da minha própria experiência, que eu tentava sempre ampliar. Se eu visse algo que não entendia, tentava fazê-lo. Ainda tento. Há muitas coisas que vejo e não entendo, coisas para os pés, coisas rápidas, coisas com saltos que, embora eu fizesse com facilidade, nunca entendia totalmente. Agora consigo entendê-las. Quer dizer, posso passá-las aos meus dançarinos e fazer com que eles as executem. Pelo menos parece que sim. O que estou tentando dizer é que sempre é interessante sair de si mesmo. Se você fica preso em si mesmo, você usa o que já sabe e não pode jamais tentar algo fora disso.

Naquela época, Lincoln Kirstein, que fundara a Ballet Society (que depois se tornou o New York City Ballet), me pediu para criar um balé para um dos quatro programas que ele fazia todo ano. [George] Balanchine estava envolvido neles, naturalmente, mas Lincoln queria ter jovens coreógrafos também. Com sete ou oito bailarinos, incluindo Tanaquil Le Clerq e eu, criei um balé chamado *The Seasons*. John compôs a música. Não era longo, devia ter uns 15 ou vinte minutos, mas para mim parecia bem longo. Quando aceitei, pensei: vou tentar descobrir como trabalhar com bailarinos. E me esforcei muito. Isamu Noguchi fez os figurinos e o cenário. Sempre constatei que, quando trabalho com pessoas que não foram treinadas diretamente por mim, tenho simplesmente que fazer concessões. Em outras palavras, como fiz mais tarde com os dançarinos da Ópera de Paris, tento deixar claro o que eu quero e depois vejo como conseguir isso sem fazer com que eles se sintam falsos. Ou pouco à vontade. Quando eu fazia isso, via que funcionava. E nesse caso funcionou. Era o primeiro balé que eu criava, então havia movimentos que, se estivesse trabalhando com eles hoje em dia, teria conseguido deixar mais claros para os dançarinos. Na época não sabia como, mas hoje sei.

Esse balé também foi apresentado duas ou três vezes, depois, no City Center, quando a Ballet Society já tinha sido transformada no New York City Ballet.

Você pode dar a data da primeira vez que *The Seasons* foi apresentado?

Mil novecentos e quarenta e sete.

Logo depois da guerra, então. Você sentiu em Nova York, naquela época, algum efeito do período da guerra?

Durante a guerra, duas grandes companhias estavam em residência e se apresentavam em Nova York: o American Ballet Theater e os Ballets Russes de Monte Carlo. Independentemente da guerra, não havia tantas oportunidades para os dançarinos quanto há agora; as únicas companhias que se apresentavam durante um período de tempo prolongado eram as de balé, e as temporadas não duravam mais que duas semanas. Se por acaso se apresentassem ao mesmo tempo, dividiam o público. Um dançarino moderno fazia um único programa, uma vez por ano.

Quando Lincoln Kirstein inaugurou a Ballet Society, no outono de 1946, sua ideia era patrocinar trabalhos novos, sobretudo trabalhos com balé. Os primeiros programas foram feitos em teatros com palcos inadequados, mas na primavera de 1947 ele conseguiu o Ziegfield Theater, onde ocorreu a primeira apresentação de *The Seasons*. O Ziegfield Theater não existe mais, mas tinha um palco muito bom. Era grande e muito bonito. Então a Ballet Society foi para o City Center.

Pergunto sobre o período da guerra porque naquela época muitos escritores, poetas e pintores europeus vieram a Nova York, o que deve ter criado um ambiente diferente; embora se conhecessem mais ou menos, cada um fazia sobretudo seu próprio trabalho.

Isso mesmo. Aliás, foi durante a guerra que eu vi (não tinha muito a ver com eles no sentido de amizade ou qualquer coisa do tipo) as pinturas de Max Ernst, Marcel Duchamp e Piet Mondrian. Mas às vezes eu frequentava festas na casa de Peggy Guggenheim onde eles estavam (John e Xenia Cage estavam hospedados com ela e Max Ernst), e havia outros artistas vindos de fora. Era um universo totalmente diferente do que eu conhecia através do círculo Graham, e acho que isso de alguma forma me fez correr para ver o trabalho deles. Peggy Guggenheim tinha uma galeria na rua 75, onde lembro de ter visto várias exposições. Ela costumava expor não apenas os surrealistas, mas também artistas mais jovens, e eu comecei a frequentar exposições de arte. É engraçado porque a American School of Ballet ficava na esquina da rua 59 com a avenida Madison, e naquela época as galerias importantes ficavam na rua 57, de forma que você podia ir à aula e depois passar lá para dar uma olhada. Comecei a fazer isso. Como tínhamos pouquíssimas apresentações, não estávamos sempre ensaiando ou preocupados com a preparação de alguma coisa como agora, então tínhamos tempo de passear pela cidade.

Sempre tive uma sensação de confinamento quando estava com Graham. Não quero dizer que o trabalho dela era confinado, mas era um tipo de círculo fechado, de certa forma. Isso mudou depois, tenho certeza, mas naquela época era fechado, assim como os outros grupos de dança moderna, como o de Doris Humphrey. Simplesmente presumiam que você não tinha qualquer relação com nenhuma outra coisa. Quando fui estudar balé, muitos desses dançarinos modernos acharam isso bizarro e esquisitíssimo, quase maluco, o que não me preocupou nem um pouco, porque eu estava simplesmente interessado em estudar balé.

Comecei a conhecer o mundo da pintura e, através de John Cage, o da música. Quando fizemos aquele primeiro programa juntos, em 1944, embora o público fosse muito pequeno, é claro, ele era composto de muitos desses pintores. Pouquíssimos dançarinos apareceram, talvez alguns do grupo Graham, não lembro direito. Em compensação lembro de vários pintores e jovens compositores, pessoas interessadas em novas possibilidades. Desde o começo houve uma diferença entre o que eu fazia e o que estivera fazendo com Martha, embora eu ainda estivesse na companhia dela. Havia uma diferença considerável. Os dançarinos Graham eram leais a Martha, naturalmente, e tinham sentimentos muito fortes por ela. Eu estava fazendo algo que não se devia fazer, e nem um pouco como Louis Horst, com quem todos nós havíamos tido alguma experiência, dizia que devia ser feito.

Para os dançarinos, Louis Horst era um homem um tanto extraordinário. Eu não gostava das suas ideias, mas ele tinha um olho sensacional para dança. Ele olhava de verdade. Quando morreu, escrevi um bilhete para Graham dizendo que o achava extraordinário, com sua devoção absoluta à dança durante todos aqueles anos. Acho que ele não gostava do que eu fazia, mas não deixava de olhar. Ele olhava para aquilo. Anos depois da sua morte, lembro que uma amiga minha, Drusa Wilker — o sobrenome de casada é Sherman —, que tocara piano para aulas de dança durante vários anos (ela se tornou uma grande amiga por ser uma pessoa muitíssimo calorosa), me disse que queria ver *Winterbranch* porque tinha lido todas as críticas negativas que diziam que aquilo era impossível, o que soou absolutamente maravilhoso para ela. Então ela viu o espetáculo, de fato o achou maravilhoso e disse: "Quer saber? Louis teria gostado." É possível. Talvez. Enfim, à medida que comecei a fazer meu próprio trabalho, fui me separando cada vez mais daquela situação da dança moderna, como estava provavelmente fadado a acontecer.

O elo com a pintura se desenvolveu nessa época?

Sim. Me lembro, por exemplo, de ouvir conversas entre pintores, não sobre dança, é claro. Eu não os conhecia muito bem, então não dizia nada nessas festas ou reuniões, mas quer fossem muitos ou poucos, eles falavam sobre pintura, e era interessante mesmo que eu não conhecesse nada daquilo. Eu vira pouquíssimas pinturas de qualquer tipo, a não ser reproduções em livros, então aquilo era totalmente novo para mim. Mas comecei a entender quem aquelas pessoas eram em termos de história da arte, e as escutava falar sobre seu trabalho, ou o trabalho de outra pessoa; o tipo de conversa era muito diferente de tudo que eu conhecia no universo Graham, onde as conversas eram sempre sobre questões técnicas, ou o que Martha estava ou não estava fazendo.

Na época, Martha Graham estava envolvida com alguma espécie de guerra que já fora quase vencida, não é?

Ela era uma mulher muito forte, que exigia ou acreditava precisar desse tipo de objetivo para seguir em frente, porque evidentemente houvera muita animosidade com relação ao trabalho dela.

Comecei a enxergar outro mundo, e o gosto por aquilo cresceu também por intermédio da American Ballet School. Comecei ao mesmo tempo a assistir balés em Nova York. Não tinha visto grande coisa até então. Não havia muitos programas e eu tinha pouco dinheiro, mas dava para pagar bem pouco e às vezes dava até para entrar de graça no intervalo, para o segundo balé. Fazia isso sempre que podia durante meu primeiro ano em Nova York. Fui ver o máximo de programas de dança que consegui. Na época, eu sabia muito pouco sobre a história do balé. Olhando esses programas e tentando dar sentido àquilo tudo para mim mesmo, comecei a ler sobre o assunto.

Por causa da guerra, os Ballets Russes de Monte Carlo estavam instalados em Nova York e faziam turnês pelos Estados Unidos. Tinham uma temporada em Nova York no outono e na primavera. Alguns dos dançarinos estudavam na American School of Ballet, então a gente podia vê-los trabalhando lá. Lembro de ver Alexandra Danilova na aula, certa vez, uma dançarina incrível. Não me refiro à técnica, mas à qualidade, à sua presença no palco, ao calor que ela irradiava. Quando a vi na aula, não soube quem era. Tinha certeza de já tê-la visto mas não fiz a conexão. A coisa toda foi muito desconcertante para mim. Achei-a absolutamente linda de assistir. Perguntei quem ela era e, quando descobri, me senti tolo: "Essa é Danilova!"

John Cage estava em Nova York nessa época?

John não estava lá no primeiro ano, quando comecei na Graham Company. Mas, quando veio, sugeriu que fizéssemos um programa juntos. Disse que tínhamos que fazer algo. Comecei a perceber que era isso que se tinha que fazer, mas era tão difícil, e ainda é, claro. Você tinha que fazer tudo: alugar o espaço, imprimir os ingressos, imprimir o programa, fazer a divulgação, vender os ingressos, atender ao telefone. Fizemos uma lista de nomes e enviamos cartões, conseguimos dinheiro para enviá-los. Em comparação com agora o dinheiro não era nada, mas na época era imenso. Duzentos dólares eram como dez mil agora, porque eu devia estar vivendo com cinquenta dólares por mês. Mas a gente simplesmente fazia, e eu, sendo bastante ignorante com relação a tudo isso, só me arrastava. Era tão difícil e ao mesmo tempo era — como se diz? — ousado, de certa forma, como se eu estivesse me empenhando de uma maneira que outra pessoa não faria.

Lembro que a mesma coisa aconteceu logo que cheguei ao estúdio Graham. Comecei as aulas enquanto Martha estava planejando dois ou três programas na época de Natal. Eu tinha chegado no outono, e ela me colocou numa das danças. Não me lembro do nome agora, mas nós simplesmente fomos em frente e ensaiamos. Quando estávamos dançando no espetáculo, de repente percebemos que estávamos num elaborado teatro nova-iorquino — uma sala da Broadway —, um teatro muito bom, e logo antes de eu fazer minha primeira entrada me dei conta de que lá estava eu, entrando em cena, e que aquilo era

Nova York. Nunca tinha pensado naquilo antes, e pensei: Deus do céu, o que estou fazendo aqui?!

Enfim, há muita coisa na vida que é assim, se você parar para pensar acaba não fazendo. Lembro de uma moça que esteve na minha companhia durante vários anos; era uma pessoa maravilhosa. Estávamos na aula certo dia e ela me perguntou como fazer um movimento específico, e eu finalmente disse: "Marianne, o único jeito de fazer isso é fazendo", e acho que essa é a única resposta que consegui encontrar. Simplesmente vou em frente e faço.

Não faz muito tempo, estávamos com um programa em Amherst, onde ela vive agora, e ela me contou essa história e disse: "Sabe, nunca esqueci isso. Quando você me disse aquilo, fiquei perplexa, mas era a única coisa a se fazer, ir em frente e fazer."

Acho que no meu caso era *naïveté*. Essa talvez não seja a palavra certa porque alguém com inteligência para esse tipo de coisa podia também ter o ímpeto de fazer algo. Mas eu não sabia muita coisa. Só insistia, tentava trabalhar certas coisas e depois apresentá-las, por assim dizer. Se há algo que você tem de fazer, que precisa ser feito, você acaba encontrando um jeito de fazê-lo. Ao menos essa tem sido a minha experiência.

Quando John Cage chegou a Nova York, ele conhecia outros músicos?

Passou a conhecê-los por intermédio de Davidson Taylor, da CBS, e Minna Lederman, que era a editora da Modern Music. Ele estivera envolvido com música em Chicago, mas conhecia também um monte de artistas e já conhecera algumas das pessoas que estavam em Nova York. Foi para Nova York naquele momento porque de certa forma estava na hora de ele ir, por causa de seu trabalho e de sua situação, assim como talvez seja necessário para um artista francês ir a Paris. Ele talvez não fique lá, mas tem que ir e descobrir se pertence àquele lugar ou não. É a mesma coisa com dançarinos. Se levam a dança realmente a sério, em algum momento vão passar por Nova York. Talvez não fiquem por lá, mas têm que ir e descobrir o que é.

BLACK MOUNTAIN

. . .

O nascimento da Companhia

[JACQUELINE LESSCHAEVE]

Estamos agora em 1946, e você deixou a Martha Graham Company. Como você vivia naquela época?

[MERCE CUNNINGHAM]

Dando aulas aqui e ali. Eu vivia com quase nada, naquele apartamento decrépito que já mencionei. Não podia dar aulas onde morava porque era pequeno demais, então alugava um estúdio em algum lugar e dava aulas duas ou três vezes por semana, torcendo para ter alguns alunos. De vez em quando ia dar aula durante alguns dias, ou um dia, em algum lugar fora de Nova York, onde pagavam melhor, a fim de poder pagar o aluguel. Ao mesmo tempo, eu estava criando danças, solos, fazendo programas. John e eu até íamos em turnês... Eu escrevia cinquenta cartas e conseguia duas apresentações. Nos viramos assim por dois ou três anos. Atravessamos o país de carro. No primeiro ano, fomos para Black Mountain, na Carolina do Norte. Tínhamos uma apresentação lá que eles não podiam pagar. Nos entendemos tão bem que eles nos convidaram para voltar e dar aulas no verão. Eu não tinha nenhum dançarino comigo naquela época. Trabalhei com dois estudantes que estavam lá naquele primeiro verão. No ano seguinte saímos em turnê novamente...

Podemos voltar àquele verão em Black Mountain em que você conheceu muitos daqueles que se tornariam grandes pintores, músicos e escritores? Havia em torno de Josef Albers, que viera da Bauhaus, uma atmosfera ao mesmo tempo muito rígida e muito livre, e isso parecia propício para o desenvolvimento de todo tipo de talento.

Era uma escola muito animada, com muitas pessoas diferentes de campos diferentes. No primeiro verão, Buckminster Fuller estava lá, assim como Richard Lippold, Willem e Elaine de Kooning, Isaac Rosenfeld, entre outros. John organizara um festival com música de Satie para aquele verão (35 concertos de meia hora com alguns mais longos). No fim, encenamos *A armadilha de Medusa*, de Satie, traduzido por M.C.

Richards. Fuller estava na peça e eu também; os cenários eram de Bill de Kooning, e ela foi dirigida por Arthur Penn. Foi um verão maravilhoso, aliás, porque havia muitas ideias no ar. O mais interessante de Black Mountain era que era pequeno. Devia ter no máximo duzentas pessoas no verão, no inverno havia muito menos. Todo mundo comia no refeitório comunitário; você se sentava à mesa e havia mais umas oito pessoas, um professor de física, estudantes, ou visitantes, ou quem quer que fosse, de forma que havia uma troca de ideias e ouviam-se coisas sobre temas muito diferentes.

Acho que tenho a lembrança de que era nesse refeitório, que tinha um bom chão, que você trabalhava e fazia apresentações.

Aquele refeitório era o único espaço que eles tinham para apresentações. Era um grande espaço aberto, bem vasto, que eles usavam para todas as festas e programas, assim como para as refeições.

Há instituições que começam com a intenção de ser assim, mas é raro que se tornem tão cheias de vida e tão produtivas.

Não, não dá para forçar. O que Nellie Cornish procurava com a sua escola era: qualquer um que estudasse uma arte deveria entrar em contato com todas as outras através dos melhores professores que ela conseguisse encontrar.

Existe um lugar assim em Nova York atualmente, por exemplo?

Provavelmente não com artistas diferentes. Há centros de atividade no SoHo, mas eles acabam não tendo várias disciplinas e sim uma disciplina com ideias diferentes.

No ano seguinte, no verão, John e eu fizemos outra turnê. Dessa vez, atravessando o país. Pegamos um carro emprestado com Sonja Sekula. Foi o ano das nevascas terríveis! Partimos em janeiro. Derrapamos para fora da estrada duas vezes. Uma vez o porta-malas se abriu e todos os meus figurinos caíram na rua. Outra, rodamos três vezes e caímos num barranco. Inacreditável!

Dirigíamos a noite toda e parte do dia, aí fazíamos uma apresentação. Era fantástico. Certa vez, em Ohio, quando dancei num museu, tivemos que continuar dirigindo naquela noite para chegar a um lugar na Costa Leste, porque eu tinha planejado a turnê e as conexões entre um compromisso e outro eram bem apertadas. Algumas pessoas insistiram que a gente fosse a uma festa depois do programa, então fomos, e eles começaram a nos insultar, dizendo que a dança e a música eram muito ruins. Depois disso, tivemos que dirigir até o lugar seguinte. Uns dez anos depois, ou mais, John conheceu um homem que disse: "Estive num programa que vocês fizeram em Columbus, Ohio. Você se lembra?" E John respondeu: "Claro que lembro." E o sujeito disse: "Nunca esqueci aquilo. Mudou minha vida!" E então, não faz muito tempo, numa de nossas turnês, eu estava jantando com uma senhora e ela disse: "Você se lembra de ter feito um programa em Columbus, Ohio?" E eu respondi: "No museu. Com certeza. Foi pavoroso." Ela disse: "Bem, para nós na plateia foi incrível. Eu já tinha assistido a danças antes, mas nunca algo daquele tipo. Nós simplesmente não sabíamos como lidar com aquilo." Eu falei: "Bem, já é alguma coisa." E ela: "Nunca esqueci aquilo." E eu: "Eu também não!" Depois disso, durante o verão de 1949, fomos a Paris. John estava escrevendo artigos para jornais de Nova York sobre festivais de música. Lembro que fomos para a Sicília, e havia alguns festivais na França. John foi para Aix. Fiquei em Paris no verão e encontrei um estúdio para trabalhar, muito pequeno, na Salle Pleyel, perto da igreja russa. O dono do estúdio disse: "Você pode dar aulas?" Havia algumas pessoas interessadas em dança moderna americana, algumas das quais haviam estado nos Estados Unidos durante a guerra, assim como jovens americanos morando na França. Aceitei dar aulas em troca de poder usar o estúdio para meu próprio trabalho. Trabalhava todo dia e dava aulas duas ou três vezes por semana, e isso durou dois ou três meses. Em algum momento, John e eu criamos um programa: no começo do verão, eu conhecera duas dançarinas na rua ali perto da Notre-Dame, Tanaquil Le Clercq e Betty Nichols. Ambas faziam parte da Ballet Society e tinham ido passar o verão na França. Fomos passear e paramos para comer ou beber alguma coisa. Jean Hélion, o pintor, que eu conhecera em Nova York, sugeriu que eu fizesse algum tipo de apresentação em seu estúdio, e ele convidaria seus amigos. Então, tendo conhecido Tanny e Betty, perguntamos se elas queriam participar de uma dança. Criei um dueto para Tanny e eu e um trio para nós três, usando "Amores" e "A Valentine out of Season", de John. Apresentamos a peça no estúdio de Jean Hélion. Um fogão que ficava no meio do espaço teve que ser removido. As pessoas ficaram de pé, a não ser por duas mulheres que receberam assentos. Uma delas, Bethsabée de Rothschild, estava grávida, e a outra era Alice B. Toklas. Mais tarde, nos apresentamos publicamente no Vieux Colombier.

Então, de volta a Nova York em setembro, tentei novamente encontrar um lugar onde ensinar.

Comecei a criar danças com outros dançarinos. Na época, os dançarinos que eu tinha usado eram treinados de outras maneiras. Ou eram bailarinos ou dançarinos que tinham sido treinados no estilo Graham, e embora alguns estudassem comigo, seu treinamento principal tinha sido em outras técnicas, e no início isso não funcionou para mim. Pensei então que não havia por que ficar reclamando disso o tempo todo. Se você não gosta de uma coisa por qualquer razão que seja, boa ou ruim, precisa fazer outra coisa, então comecei a desenvolver algum tipo de técnica. Fazia isso desde o começo, sozinho, mas ainda não encontrara um jeito de passar isso a outras pessoas. Gradualmente minhas ideias foram ficando mais claras, de forma que simplesmente mudei minhas aulas e comecei a trabalhar com dançarinos que eu tinha treinado.

Trabalhava num pequeno estúdio com dois ou três dançarinos. Foi aí que Marianne Preger, hoje Marianne Simon, a moça que tinha me perguntado como fazer um movimento, que fora uma das minhas alunas em Paris, veio estudar comigo em Nova York depois que voltamos. Ela disse: "Você vai ensinar?" Eu respondi: "Vou, se conseguir algum aluno." Então ela disse: "Eu sou uma." Na primeira aula que dei ela foi de fato minha única aluna, mas progressivamente outros apareceram.

Eu não podia fazer muita divulgação, e de qualquer maneira as pessoas não necessariamente iam querer ir, porque não sabiam quem eu era. Sabiam que eu viera do estúdio Graham. Às vezes, elas apareciam achando que eu ia ensinar a técnica Graham, e quando descobriam que não era o caso, iam embora; mas não tinha problema. Foi ao longo desses vários anos que fui desenvolvendo ideias sobre técnica, dando aulas e tal. Sempre fiz questão de tornar as pessoas mentalmente fortes e resistentes, em vez de dar a mesma aula todo dia, de lhes dar uma espécie de elasticidade no que dizia respeito à técnica.

Depois de uns dois anos, John e eu voltamos a Black Mountain para o verão. Eu disse que gostaria de levar alguns dançarinos comigo, mas como não tinha dinheiro o bastante para isso, resolvi não receber nenhum salário contanto que eles cuidassem das necessidades dos dançarinos enquanto estivessem lá. Levei seis pessoas, acho, e tiveram que vir de ônibus e tudo o mais, mas era a primeira vez que eu tinha uma companhia de dançarinos comigo durante um longo período. Foram apenas três semanas, mas foi tempo o bastante (Carolyn Brown disse que foram três semanas das quais ela se lembraria muito melhor do que eu). Fizemos dois programas e criei duas ou três coreografias. Algumas delas nós já tínhamos apresentado. Voltamos a Nova York naquele outono e foi aí que pensei: de alguma forma tenho que dar um jeito de continuar a ter dançarinos com quem trabalhar.

Então encontramos um estúdio em Sheridan Square, não muito bom, por um preço que me parecia astronômico. Aluguei-o durante dois anos. Eu trabalhava de manhã, dava aulas e ensaiava à tarde. Dava duas aulas por dia, às 16h30 e às 18h. Foi uma época exaustiva, mas pelo menos assim os dançarinos tinham aula. A gente tinha que pagar o aluguel e eu ainda estava morando no apartamento da rua 17. Criei muitas coreografias e desenvolvi um repertório para seis de nós. Eu criava uma dança que a gente às vezes fazia e às vezes não, e então eu já começava a criar outra. Finalmente, ao fim desses dois anos, todos nós saímos em turnê pelo país.

Bob Rauschenberg tinha estado em Black Mountain, e John e eu o conhecemos lá. Havia uma espécie de compatibilidade de ideais, e depois que voltamos a Nova York encontramos bastante com Bob, e me dei conta de que podíamos trabalhar juntos. Enquanto eu criava *Minutiae*, perguntei a Bob se ele podia fazer algo visual para o espetáculo. Não pedi nada específico. Disse que podia ser algo através do qual a gente pudesse passar. Ele criou um objeto lindíssimo, que ficava pendurado em canos, mas eu disse: "É maravilhoso, mas não podemos usar isso porque raramente nos apresentamos em salas com bambolina." Ele não ficou nada bravo, só disse que ia fazer outra coisa. Voltei alguns dias depois e ele tinha feito outro objeto, que depois foi exibido. Um objeto sensacional! Cheio de cores e de tirinhas de história em quadrinhos. Você podia atravessá-lo, passar por baixo dele ou contorná-lo. Ele o construiu com coisas recolhidas na rua. Eu adorei porque era impossível saber o que era aquilo. Quando apresentamos o espetáculo, uma daquelas mulheres das revistas de dança ficou muito irritada: "Que negócio é esse? A cabine de adivinhação de uma cigana?!!" Isso foi em 1954. Quando saímos em turnê levamos o objeto, junto com outras peças, e tínhamos que transportá-lo por todo lado, enviar por trem. Eram dois caixotes, o que na época nos parecia muita coisa.

Agora está bem claro que o fio condutor do seu trabalho é o ensino e a criação de danças.

O fio condutor, na verdade, é a dança na qual estou trabalhando em dado momento, porque o ensino é aquilo que é necessário fornecer aos dançarinos. Senão eu nunca teria dado aulas, porque isso não me interessa. O ensino dá continuidade aos dançarinos, mas tenho que admitir que para mim era também, simplesmente, um jeito de pagar as contas. Em todas essas turnês que a gente fazia, grande parte da coisa era criar um programa e dar uma aula extensa para estudantes da universidade onde você por acaso estivesse.

Uma aula não faz muita coisa.

Ah, não, nada. Era engraçado, mas também interessante, porque era como um jogo: você de repente se vê confrontado com um grupo que pode ir de dez a duzentas pessoas e de alguma forma você tem que fazer aquilo funcionar. Na maioria das vezes, eu conseguia causar alguma impressão neles. Pode ser algo muito simples. Com frequência o grupo tinha pessoas que nunca haviam dançado na vida, assim como pessoas bem-treinadas, em geral com treinamento clássico ou o de Graham. Eu simplesmente fazia o movimento e, se não funcionava, eu demonstrava de novo e insistia que eles fizessem também. Eu seguia mais ou menos o formato que usava nas minhas aulas, adaptando-o a cada situação. Demonstrava o exercício com bastante clareza para que eles vissem o que era e depois dizia "É isso que vocês devem fazer", ou "Vocês não devem fazer isso", para conseguir alcançar a coisa. Não que eu falasse muito...

A AULA

. . .

A aula é o momento no qual você tem que se esforçar para fazer com que o movimento passe inteiramente através e para dentro do corpo.

[JACQUELINE LESSCHAEVE]

A aula de dança cotidiana é uma necessidade vital para qualquer dançarino. A fim de treinar dançarinos para as exigências da sua coreografia você teve que desenvolver sua própria continuidade de exercícios, porque a técnica de Martha Graham e a técnica clássica não eram satisfatórias para você.

Hoje de manhã, vendo você dar aula, fiz algumas anotações, algumas observações que queria expor. Até onde sei, ainda não foi feita nenhuma tentativa de explicar a lógica do desenvolvimento de uma aula de maneira que não seja técnica demais. Quando peço para você falar sobre sua aula, entendo que vamos fazer referência a um processo que é pouco conhecido e que terá de ser cuidadosamente explicado, mas acho que vale a pena fazê-lo...

[MERCE CUNNINGHAM]

Bem, tenho a sensação de que a construção de uma aula é uma questão de tentativa e erro, na maior parte do tempo. Você experimenta uma coisa, ela funciona ou não, e no final você mantém o que funciona. Eu lhe disse que no início estava interessado na ideia de usar tanto as costas quanto as pernas. Eu achava que na dança moderna usava-se muito o torso e as costas, as pernas não muito. No balé, em compensação, usava-se muito as pernas e os braços, na grande Russian School, e as costas não muito, embora elas obviamente sustentem os braços e as pernas. É muito geral, mas eu me perguntava se havia algum jeito de juntar os dois. Isso implica que você abandona deliberadamente alguns dos pontos principais de uma ou outra técnica, e os ultrapassa. Então minha aula geralmente começa com exercícios para as costas.

Em vez dos clássicos *pliés*, seus primeiros exercícios são feitos de pequenas inclinações para a frente, a partir da posição vertical, com os pés e o quadril bem fixos. A coluna é esticada para poder se alongar com as inclinações de uma extremidade à outra, e o alongamento incorpora a lombar, que é tão difícil de ser mobilizada.

Sim, a coluna; bem, na verdade as costas inteiras estão trabalhando. O exercício afeta a lombar porque você não usa o quadril. Normalmente quando a pessoa se curva, ela usa o quadril para contrabalancear. Eu quis tentar criar uma conexão entre as costas e as pernas, em vez de simplesmente deixar as pernas agirem. Você usa a coluna e puxa as costas usando músculos que as pessoas raramente usam. É por isso que todo mundo tem problemas nas costas. Você começa estabelecendo um link entre as costas e as pernas em vez de trabalhar com cada coisa separadamente.

Todas essas torções e inclinações esclarecem para mim o que você procura quando fala em flexibilidade: não é uma busca por uma elasticidade geral, por um corpo capaz de se dobrar e desdobrar sobre si mesmo, e sim por uma flexibilidade em todas as direções, começando pela coluna, que é vista como um único tronco que inclui as duas pernas.

Sim, eu começo com a posição de pé porque é assim que nos movemos, em geral. A gente não costuma se mexer muito sentado...

Você está fazendo alusão a alguns exercícios de Martha Graham que são feitos no chão. Mas você não usa a barra nem um pouco como no balé. Você começa no centro logo de cara, de pé, sem qualquer outro suporte a não ser as pernas fincadas no chão.

De pé, sim, e os primeiros exercícios geralmente são para as costas. Sabe, é que o torso só funciona de algumas maneiras. Ele não faz muita coisa, mas pode se estender essas maneiras ao máximo. Começando com essa ideia das pernas e das costas trabalhando juntas, nós alternamos: com as pernas firmemente paradas, trabalhamos com as costas, depois voltamos para as pernas, e, para isolá-las, mantenho as costas paradas e faço exercícios com as pernas. Depois disso, juntamos as costas e as pernas.

E é só então que você chega aos *pliés*.

Minha ideia era aquecer as costas e depois as pernas. O trabalho com as pernas começa nos *pliés*. Quanto aos *pliés*, é tudo que se pode fazer com os joelhos, dobrá-los e esticá-los; não dá para fazer mais nada. E você tem que aprender a fazer isso com clareza. Seus joelhos só vão se dobrar direito de um jeito específico. Se você fizer do jeito errado, vai ter problemas.

Reparei que você usa as mesmas posições de perna que a técnica clássica, acrescentando apenas exercícios com os pés paralelos. As posições de braço também não são fundamentalmente diferentes. É claro que não estou falando de estilo.

Para cada *plié*, os braços ficam numa posição particular para que o dançarino se acostume a manter os braços em diversas posições. Porque quando você começa, enquanto dançarino iniciante, você tem que usar os braços.

Essa é uma das coisas mais cansativas, quando você tem que manter os braços escancarados durante uma hora, ou ao menos voltar constantemente para essa posição.

Ah, sim, de certa forma é pior que as pernas, porque os braços são muito fáceis de mover.

Depois parece totalmente natural, e aí é engraçado lembrar o esforço que foi necessário no início.

É porque os braços são fáceis de mover, então a pessoa não sabe como mantê-los parados, enquanto que o esforço para mexer as pernas faz com que você se concentre na maneira de movê-las. E você tem que aprender um jeito de ancorar o quadril. Se de alguma forma você não estiver equilibrado em uma posição, não terá tranquilidade qualquer que seja essa posição. A coisa fica meio frenética e tem que terminar de um jeito específico. É como algo que cai para além do arremesso.

Ele tem que cair, mas até certo ponto você pode controlá-lo e fazer com que vá em outras direções; mas para além desse ponto é inútil. Não há o que fazer. A questão é justamente essa. Você tem que aprender a manter o quadril baixo e levantar a perna em posições abertas. Quando o quadril levanta, ele geralmente causa o desequilíbrio. Nem sempre. Depende também de como você quer que a pessoa se mova, porque é possível se mover com o quadril para cima; certamente é possível, as pessoas fazem isso o tempo todo...

No trabalho com as pernas vi vários *dégagés*, *développés*, extensões e círculos bastante clássicos.

Sim, pernas dobradas e esticadas para cima, mas bom, o que mais você faria, se pensar no jeito como o joelho funciona? Dá para fazer a coisa de dois jeitos: *dégagé* ou *développé*, não há mais nada.

A variedade dos seus movimentos é enorme, mas parece que a maior parte do que você selecionou e usa vem do treinamento clássico.

Boa parte vem, mas não tudo. Há certas coisas com o torso que o balé clássico simplesmente não faz. É por isso que eu começo com as costas, para que elas sejam parte constante dos exercícios. E até as posições que parecem bem características do balé, quando bailarinos as executam, na verdade não são. É por isso que eles as acham tão difíceis.

Você pode explicar a diferença?

No balé clássico há certas posições — os *épaulements* — para as quais você tem que torcer os ombros, junto com as pernas ou contra a ação delas. Mas todo o meu trabalho vem do tronco, da cintura, mais perto do quadril, e você os torce ou inclina em todas as direções. O movimento não vem dos ombros, ele vem de bem mais embaixo. Além disso, eu o relaciono com ou contra a perna. Digamos que a minha perna esteja esticada, eu me viro para ela ou para longe dela, contra ela. Eu me inclino para ela ou contra ela. Há oito direções que eu uso, para abrir o espaço em toda a volta. A minha impressão era que os *épaulements* vêm do fato de que no proscênio você está se movendo para junto e para longe da plateia, e eles eram feitos para criar um efeito escultural. Quando os movimentos eram rápidos, como em Balanchine, eles já não conseguiam fazer os *épaulements* com tanta clareza. O torso estava ainda menos móvel. Pensei que não era necessariamente verdade que o corpo não era capaz de se mover quando as pernas se movem rapidamente. Então trabalhei com isso e pensei nisso durante muitos anos, experimentando coisas, e finalmente cheguei à conclusão de que se a ação acontecesse mais profundamente, no tronco, em vez de somente nos ombros, então talvez fosse possível mexer tanto as pernas quanto as costas rapidamente. Foi daí que nasceu *Torse*.

Quando você chega ao trabalho com as pernas propriamente dito, que é impressionante pelas combinações extremamente velozes, você o conecta, no entanto, com movimentos para os braços e a cabeça que exigem uma coordenação motora bastante excepcional.

Quando se compara isso aos melhores momentos da bateria clássica, percebe-se que, embora você exija a mesma rapidez, você acrescenta a ela toda uma série de movimentos de cabeça e de braço. Isso exige um grau inédito de coordenação motora.

No começo eu não sabia se ia funcionar ou não, mas continuei tentando. *Torse* é a primeira dança na qual realmente peguei esses elementos e tentei usar todos eles. Usei a ideia da direção da perna em diferentes velocidades, com diferentes ritmos, em diversos tipos de sequência; o corpo em constante mudança, com ou contra as pernas. E fazendo isso também no ar, saltando e mudando a direção do torso, que é a coisa mais difícil de se fazer. Esse é que é o material de *Torse*.

Então temos aqui uma pista sobre como você constrói seus espetáculos. Eles são todos, como *Torse*, construídos em torno de tais questões?

Sim. Todos eles. A questão pode ser simples para uma dança e complexa para outra, ou pode haver diversas questões. Todas as danças nascem de algo desse gênero.

Para voltar ao assunto das aulas, todos os círculos com as pernas são feitos sem barra, sem qualquer apoio. Isso também exige um trabalho com as costas. No treinamento clássico, os dançarinos devem segurar as costas quando estão na barra, mas só fazem isso se tiverem bons instintos. Fico impressionada ao ver até que ponto eles conseguem fazer uma aula inteira sem segurar muito as costas. De tempos em tempos eles são instruídos a fazer isso, mas só são confrontados com a necessidade de fazê-lo no último terço da aula, quando deixam a barra para trabalhar no centro. Nessa altura eles têm que pensar em muitas outras coisas. Se têm bons instintos ou observam os melhores dançarinos com atenção, descobrem como fazê-lo, mas é uma questão de tentativa e erro. Felizmente, os preguiçosos descobrem com frequência, porque é muito difícil mover as pernas sem reunir a força das costas. Nos *grands battements* você também faz movimentos rápidos com o torso?

Faço, dessa forma você tem que se equilibrar de um jeito diferente. Essa parece ser uma das direções na qual a técnica poderia evoluir, ou mudar, pois não é uma questão de estética e sim uma questão do que o corpo consegue fazer.

Ao mesmo tempo, a sua aula não tende para movimentos extremos, como, por exemplo, a inclinação para a frente e o arquear das costas que fazem nas aulas de balé.

Eu não uso esses movimentos na aula, mas posso usar, é uma ideia. Às vezes, em algumas coreografias, as meninas arqueiam muito as costas, mas não é algo para o qual a gente treine especificamente, a menos que esse tipo de movimento se revele interessante numa dança particular. E funciona nos dois sentidos. Se você colocou algo no treino, e precisa disso em uma dança na qual está trabalhando, pode incorporá-lo. Muitos dos exercícios vêm das danças. Eu as transformei em exercícios. Alguns saíram de danças bem antigas. Os movimentos não são iguais ao que eram porque agora são exercícios. A sequência tem que ser clara para que os dançarinos possam lidar com a coisa fisicamente. Os ritmos na aula costumam ser mais simples do que nas coreografias, porque os dançarinos estão concentrados em outra coisa, na parte física, não em números e ritmos. Quero dizer com isso que a aula é o momento no qual você tem que se esforçar para fazer com que o movimento passe inteiramente através e para dentro do corpo.

Mas a terceira e última parte da sua aula é ritmicamente muito difícil, o centro, os *enchaînements*... é bom que os dançarinos saibam se concentrar nos números.

Bem, aí é que tem que acontecer, a essa altura devemos alcançar isso. Nas aulas de Graham, eles pensavam sobretudo em repetir a mesma coisa, e a minha ideia era que isso não era realmente necessário. Você podia passar de uma coisa a outra e também, dentro de certos limites, podia mudar as coisas. Experimentei algo assim hoje: havia uma sequência com um salto no ar. Eles estavam fazendo muitos *skips*, *sautés*, o que eu chamo de *step skips*, e então de repente fizemos isso em cinco, não em quatro nem em oito, ficou desigual, e foi um bom ritmo, deu um final interessante. Aconteceu por acaso.

Uma característica incrível da sua aula é a avidez dos seus dançarinos, seu dinamismo; eles estão o tempo todo dançando, o tempo todo tentando e fazendo. Em muitas aulas, e até nas melhores, os dançarinos esperam que lhes digam para dançar, têm uma tendência a não reocupar o espaço. A sua aula é um fluxo de trabalho contínuo.

É possível que haja uma razão para isso. Trabalhei tantos anos em estúdios gelados! Todo mundo se mexe o tempo todo para se manter aquecido! Não, até que é bem verdade, mas não é algo tão fácil assim de se conseguir.

Na última parte da aula, quando em outros lugares a energia diminui, na sua, mesmo quando as sequências se tornam difíceis e as coisas não funcionam tão bem, os dançarinos recomeçam muito rapidamente.

Os dançarinos têm que ser muito fortes. E também quero que a coisa seja feita com clareza, sem qualquer tipo de expressão. De forma que você veja o movimento naquela pessoa, não algo que ele ou ela acrescentam e que torna o movimento mais difícil de ver. Quero ver como fica a forma daquele movimento em diferentes pessoas. Você tem que ver a coisa nos dançarinos. No balé há uma espécie de ideal que você tem que imitar ou buscar. Era a mesma coisa na dança moderna quando eu comecei. Havia uma ideia de uma pessoa que todos deviam ser ou com quem deviam se parecer. Uma ideia de estilo que não me parecia muito interessante. Então desde o começo eu tentei olhar para as pessoas que eu tinha e ver o que elas faziam e podiam fazer. Claro, você pode ter um dançarino com um braço comprido, um pulso comprido, e outro sem pulso, digamos assim. Você não pode esperar que o segundo dance como o primeiro. Você pode dar a eles o mesmo movimento e ver como cada um o executa com relação a si mesmo, ao seu ser, não como dançarino mas como pessoa.

Então, presumindo que você alcance alguma coisa, é como uma espécie de malabarismo, porque de um lado há a aparência que você quer que o movimento tenha, e ao mesmo tempo há uma pessoa que não é você, que é quem está executando o movimento. Não espero que aquela pessoa faça aquilo do jeito que eu faria. Mas tento passar o movimento com clareza, para que ele seja executado claramente, cada dançarino do seu jeito. E esse é o grande truque: como conseguir isso dos dançarinos. Porque não é só treino, embora ele tenha um papel muito importante. Tem a ver com temperamento e a forma como eles enxergam o movimento de maneira geral, o jeito como são enquanto pessoas e como agem em qualquer situação; tudo isso afeta a dança. Tudo faz parte dela.

Ainda assim, imagine um dançarino totalmente em forma: às vezes pode-se mudar bastante a maneira como a cabeça é sustentada com alguns exercícios para as costas.

É claro que podemos alongá-los; isso é bem verdade. Se eles se tornam verdadeiros dançarinos, sempre começam a ter uma aparência diferente.

Que tipo de critério você usa para escolher seus dançarinos?

Varia muito. É uma espécie de adivinhação, porque você tem que aceitar uma coisa de boa-fé. Acontece. Vejo alguém na aula em Nova York, uma pessoa que talvez ainda não seja bem treinada, digamos assim, mas ele ou ela têm algo que me chama a atenção. Sei que se meu olhar fica voltando para aquela pessoa é porque tem algo ali. Então tento ver o que é, mesmo que, como disse, a pessoa ainda não tenha muita habilidade técnica. Então eu a observo para ver como ela trabalha durante a aula, como age em termos de ritmo, movimento, e assim por diante. Se for além disso, tento conversar com ela para ver que tipo de pessoa ela é. Grande parte disso é uma aposta, você aposta em alguém e esse alguém aposta em você. Você aceita de boa-fé, esperando que algo bom surja daí, e com frequência isso acontece. Nem sempre. Houve vezes em que não deu certo para alguns, porque eles tinham outra ideia, talvez, de como seria para eles, não só a dança mas a situação toda. Ou a ideia que eu tinha deles não era clara o bastante. Mas acho que, na maioria das vezes, funcionou; algo aconteceu, em todo caso.

E eles mudam, sabe? Com frequência são muito jovens, e, à medida que o tempo passa, seus corpos mudam. Um dançarino jovem é como um potro, no que diz respeito às juntas e tudo o mais. Dá para ver isso, e geralmente é fantástico, porque embora o jovem dançarino talvez pense que não tem solução para ele ou ela, você começa a ver algo maravilhoso acontecendo e, gradualmente, se funcionar, certo dia aquilo se torna uma coisa só, mesmo que seja só uma posição. E com frequência dá para ver que eles sabem, porque uma expressão toma conta de seus rostos. Eles não se dão conta de que é isso. Quando isso acontece eu sempre vou até eles e digo: "Bem, está certo agora. Apenas continue." Eles têm que se agarrar à coisa, porque na maior parte das vezes têm a sensação de que nada está acontecendo, de que estão avançando aos tropeços. Então se você acha que há algo interessante, você tenta encorajá-los, não derrotá-los, porque é muito fácil acabar com o equilíbrio deles. Costumam ser muito assustados, muito inseguros, não sabem se estão indo bem ou mal. Se você passa uma coisa tão difícil que eles não conseguem fazê-la, vão ficar tristes, e isso não me interessa muito. Muita gente acha que é assim que se motiva as pessoas. Eu não trabalho assim; sei que posso porque já fiz isso, mas não gosto. Então, se vejo algo bom, tento encorajar o dançarino e fazer com que ele leve toda sua atenção para aquele momento. Ao mesmo tempo, não gosto muito de dar aula. É muito rígido. Quero dizer com isso que a aula é dura, os dançarinos simplesmente avançam em seus exercícios de algum jeito. Acho que esse é um problema com que muitos dançarinos se deparam, e provavelmente faz com que alguns deles parem de dançar quando percebem que vão ter que fazer esses exercícios todos os dias. Porque é uma parte tão grande, central até, da vida de um dançarino. Me lembro de ter sentido isso, anos atrás. "Ai, meu Deus, tenho que fazer isso de novo todo dia." Então pensei: "E se você enxergar isso de outro jeito, como se fosse, digamos, uma meditação? E a cada vez, embora o exercício seja o mesmo, a experiência seja nova, seja diferente?" E isso me pareceu um jeito de me sustentar, através dessa disciplina diária, um jeito de dar vida à coisa. Senão, você passa uma hora e meia fazendo algo de que não gosta. Muitos dançarinos pensam na aula como uma labuta, um trabalho monótono, por causa da repetição constante.

O fim da aula costuma ser mais dinâmico porque aí você já tem um sentido de movimento maior. Mas, ao mesmo tempo, o dançarino tem que fazer aqueles exercícios iniciais, é um conflito. Mas ele faz. Ele não tem que fazer o que eu faço, mas tem que se aquecer de alguma forma, cuidar de si mesmo. Então você tem que encontrar algum tipo de procedimento. Encontrei um para mim, e tentei transmitir isso à minha turma. Não acho que funcione para todo mundo, de jeito nenhum.

Minha experiência com Graham foi ver como Martha conseguia fazer as coisas e como ela era maravilhosa de assistir, mas ela não era capaz de explicar. Podia dar uma espécie de explicação emocional, e eu reparava que os dançarinos muitas vezes tinham algum sentimento com relação àquilo, mas eu não conseguia. Então fui para a American

Ballet School, onde havia um professor particularmente maravilhoso chamado [Anatole] Obukhov, um velho russo. Ele criava exercícios muito complicados, terrivelmente complexos, e o estilo deles era ligeiramente antiquado, porque ele era assim, mas não importava porque tudo ficava muito claro. Daí, ele criava combinações extremamente difíceis e dizia: "Todo mundo entendeu?", meio em russo, meio em inglês; nós todos fazíamos que sim com a cabeça e ele dizia: "E agora, dancem!" Eu achava isso maravilhoso. Aliás, tanto com Graham quanto nas aulas de balé, o que eu queria ver era como o movimento operava, não a sensação que ele te dá; como você passa de uma posição a outra, e move tudo a partir daí. Você tem que adquirir a noção de que o movimento vem de alguma coisa, não de algo expressivo mas de algum impulso ou energia, e ele tem que ser claro para que o próximo movimento aconteça. A menos que você consiga começar a enxergar dessa forma, você não consegue uma progressão no movimento, uma passagem que parece lógica de um movimento a outro. Com lógica não quero dizer raciocínio, mas uma lógica do movimento. Algumas pessoas têm um instinto para isso, mas é possível explicar também, e para a maioria dos dançarinos na minha companhia eu consigo explicar. Eles conseguem ver o que é e fazer, alguns melhor do que outros, naturalmente. Eles começam a ver a potência do próprio movimento específico. Nós crescemos com hábitos, por exemplo, caminhamos de um jeito tal, nos ajustamos fisicamente à vida, adquirimos certos gestos. As pessoas costumam descer o meio-fio com o pé direito e subir de volta com o mesmo pé. E de repente, na dança, você tem que subir com o pé esquerdo. Em *Summerspace*, por exemplo, uma garota tinha que dar giros *chaîné* para a direita e para a esquerda. Ela disse: "Mas a gente nunca faz *chaîné* para a esquerda." Eu disse: "Bem, aqui se faz *chaîné* para a esquerda." Ela ficou apavorada. Eu falei: "Não, só vá em frente e faça. Faça até descobrir o que é."

Então o dançarino tem que compensar a assimetria adquirida ao longo da vida. Uma das minhas professoras de quem gosto muito, Lillian Arlen, usava uma expressão adorável: ela dizia que você tem que

"desassociar", querendo dizer com isso que primeiro você tem que "desfazer", e distinguir claramente as partes e os circuitos, e depois associá-los outra vez. Não dissociar, e sim separar e reassociar. O único problema é que a tradição da qual ela vinha trouxe com ela ideias completamente definidas sobre o que era natural associar, e se você fizesse outra coisa você era antinatural. Aí você estaria fazendo coisas escandalosas, e então: "Nada disso."

Sim: "Não vamos aceitar isso!"... Sabe, acho mesmo que o método no Oriente é o melhor; lá eles começam ensinando alguma coreografia, por mais simples que seja. Há certos tipos de dança no Oriente, não todos, mas alguns, onde você começa aprendendo uma coreografia, e acho que é um jeito maravilhoso. Na verdade, quando eu comecei a dançar, foi isso que aconteceu. A gente aprendia coreografias com a sra. Barrett, coreografias simples, mas sem dúvida coreografias.

Alguns dançarinos ficam presos do jeito oposto. Ficam confortavelmente envolvidos nos exercícios e, na hora de ir para o meio da sala, estão em muito mau estado.

Sim, os dançarinos têm uma expressão para isso: "Dançarinos de aula." Em outras palavras, eles trabalham bem durante a aula, mas de alguma forma não são bons no palco. O importante disso é que a questão não é o palco, eu acho, a questão é a dança!

O que me interessa muitas vezes num dançarino: eu tenho alguma ideia de como ele vai executar um certo gesto. Então ele executa, e acaba sendo mais do que eu esperava, mais longo, e vai além do que eu previra. Isso é um prazer e eu sempre fico maravilhado; é apenas uma amplificação, e sempre gostei muito disso. É só ter algo mais cheio e o movimento inteiro se torna maior. Tive vários dançarinos na companhia que me deram esse tipo de sensação. Sempre apreciei isso.

Se você tem um corpo bom e usa esse corpo, tudo bem, mas também é interessante se você não tem e consegue fazer algo com isso, como muitos dançarinos já fizeram. Eles deram um jeito, às vezes com um corpo que de início não parecia muito atraente. Eles trabalham e, de alguma forma, algo começa a acontecer. Tento não criar nenhuma ideia sobre a aparência que um dançarino deveria ter. Em outras palavras, tento permitir uma ampla latitude de formas, digamos assim. Por outro lado, eles têm que poder dançar. Há alguns requisitos. Pode haver uma pessoa na turma que eu ache que ficaria incrível numa coreografia específica. Mas se ele ou ela não conseguem fazer as outras sequências do repertório — não posso ter um número grande de pessoas por causa da natureza da minha companhia —, tenho que criar um limite prático.

É verdade que seus dançarinos, de maneira geral, desde os primeiros até os que estão com você agora, são muito diferentes uns dos outros, mas ao mesmo tempo têm algo em comum.

Isso acontece, em parte, porque eles estudam e trabalham comigo. Eu os moldo, de certa forma, acho que isso está fadado a acontecer. Como disse, tento não ter uma ideia de como eles deveriam ser. Altos e magros ou baixos e magros. Tento permitir uma diversidade. Se eles sabem dançar, eu me interesso. Dados os programas que a gente fazia, havia tão pouca reação — não agora, mas antes — em termos de admiradores, de imprensa ou de qualquer publicidade que eu tinha que dar um jeito de seguir em frente. E mesmo naqueles primeiros anos, em que Deus sabe que não havia dinheiro algum, os dançarinos eram tão leais que nós conseguíamos trabalhar. Carolyn Brown, Viola Farber, Remy Charlip e as pessoas que estavam comigo naqueles primeiros anos. Conseguimos continuar trabalhando e me lembro de pensar: "Bem, não posso pagar nada, ou muito pouco. O que posso dar a eles?" Decidi que o que eu podia fazer era dar aula em algum lugar para que eles pudessem ter uma aula todo dia. Assim eles sabiam que era regular, e a gente conseguia ensaiar. Lutei para manter um estúdio, um lugar em Nova York, onde eles soubessem que havia aula e aonde pudessem ir todos os dias. Às vezes só tínhamos três aulas por semana, mas regularmente. A gente deu continuação à coisa.

Já que estamos nesse assunto do trabalho e treinamento dos dançarinos, ou da construção de um dançarino por ele mesmo, pergunto: e quanto ao treinamento da mente? Pode parecer irônico, mas já me irritei muitas vezes com a falta disso. Os dançarinos têm uma aula após outra. Repetem exercícios eternamente na esperança, ou melhor, com a certeza de que isso vai ser o bastante. Se seu corpo pede que certas coisas sejam feitas todos os dias, pode-se pensar a mesma coisa sobre a mente. Você quer dançarinos mentalmente flexíveis e resistentes. Como você cultiva isso?

É verdade que os dançarinos fazem seu trabalho nas aulas, sua rotina física diária, e só. Eles têm que aprender os papéis que executam e lidam com isso. Quando estão fazendo repertórios clássicos, se têm um papel de protagonistas, têm que tentar achar um jeito de interpretar aquilo. Se forem muito bons, se por acaso forem brilhantes, algo pode acontecer.

Além disso, no caso de muitos donos de companhias, suspeito que o que eles querem sobretudo é que os dançarinos aprendam os passos e os executem o melhor possível, e só. Por um lado eles estão certos, porque é mesmo um grande problema, que toma, é claro, boa parte de suas vidas. É de fato um grande problema conseguir que pessoas diferentes façam as coisas de acordo com um conceito que você tem sobre o jeito certo de fazê-las, o que quer que isso signifique. Se estão aprendendo um balé antigo, sabem perfeitamente que ele começa aqui e vai para lá, e que durante esse tempo eles têm que fazer tal coisa e têm que estar exatamente aqui, e a música aqui e depois aqui, e assim por diante. É aí que a "mente" entra, e isso é suficiente, digamos assim.

No meu trabalho, embora tudo isso também faça parte dele, existe a possibilidade de eles fazerem as coisas de maneira ligeiramente diferente; não no trabalho todo, mas em parte dele.

Nos ensaios, com muita frequência, os dançarinos são bastante bons quando se trata de levantar questões com relação à execução de uma sequência específica. É por isso que ensaiar no palco é tão importante. Eu os encorajo muito, se existe alguma questão, a levantá-la, a não ter medo, todos eles sabem disso agora. E devido às mudanças constantes no meu trabalho, eles não acham automaticamente que estão errados se algo não funciona... Nós tentamos encontrar um jeito de fazer aquilo funcionar.

Isso é ainda mais pertinente quando fazemos um "Evento", que é diferente em cada local; embora o material seja o mesmo, a ordem é diferente. Eles têm que repensar a maneira como vão operar. Além disso, muitos dos dançarinos que trabalharam comigo possivelmente vieram estudar comigo a princípio por causa das ideias, não só as minhas ideias, mas a relação com a música e a arte contemporâneas. Isso talvez os tenha interessado, e talvez eles tenham vindo ver do que se tratava. O maior problema sempre é que demora muito para deixar o lado físico bem claro. Não sobra muito tempo para o resto, o que é uma pena.

Me parece que falta tempo para entender o retorno da experiência de treino e dança. Deveria haver um momento e um lugar para se conversar sobre o que foi feito durante a aula, para romper aquela mesma barreira que você sentiu entre Martha Graham e seus dançarinos, por exemplo. O próprio trabalho provavelmente melhoraria graças a isso. Mas como isso seria possível quando, logo que saem da aula, vocês estão de volta ao vestiário, muitas vezes fisicamente exaustos? Depois disso, vocês voltam para casa, e talvez lá encontrem coragem o bastante para pensar no assunto sozinhos. Mas talvez não... Mas durante a dança também não é a hora certa, nem o local certo, porque as coisas não podem desacelerar de acordo com o desejo de cada um. De qualquer maneira me parece que fica faltando algo.

Tentei fazer isso quando dei oficinas em Nova York. Às vezes há oficinas de composição, outras vezes, oficinas de professores ou repertório; vou ter uma em breve. Será uma oficina de repertório, que vai mostrar a eles como *Torse* foi criado, pegando as mesmas ideias e os mesmos passos e fazendo de outro jeito, com um dançarino de cada vez. À medida que vai sendo feito, eu explico tão bem quanto posso qual foi o processo. Só posso fazer uma oficina desse tipo duas ou três vezes por ano. Sobretudo porque não tenho tempo.

No entanto nunca achei, e ainda não acho, que dançar seja uma atividade intelectual. Acho que a dança é algo instintivo. Pouco importa quão complexa seja uma coisa que eu crio ou executo, se não der certo em forma de dança não serve para nada. E eu não ligo para os diagramas. São coisas que a pessoa faz, que eu preciso fazer frequentemente com as minhas obras por causa da complexidade. Mas isso é só papelada. O resto, você tem que se levantar e fazer. Quando dou oficinas de composição, ilustrando as maneiras de se usar o acaso, os alunos ficam tão envolvidos com os papéis, as possibilidades se tornam tão fascinantes que eu sempre tenho de interrompê-los, fazer com que larguem o papel, se levantem e executem o movimento, senão aquilo nunca se materializa: não se torna vivo. E aí qual é o interesse?

Em todo caso, essa divisão entre intelecto e corpo não é tão válida assim. Porque se você trabalha apenas fisicamente também não acontece muita coisa.

Lembro de ter tido pessoas nas aulas que tinham um interesse profundo pelas ideias; elas vinham estudar dança e eu podia ver imediatamente, na aula, que não ia dar certo, porque estava tudo na cabeça. Então elas pensavam: "Ah, sim, a técnica!" E tínhamos algumas aulas. Elas começavam e não funcionava. Eu explicava três vezes nas aulas elementares. Nas outras explico apenas uma, se não entendem, podem esquecer. Mas nas aulas elementares eu explico. Eu explicava de novo e elas diziam "Vamos fazer", e ainda assim não funcionava. Me olhavam como se eu tivesse feito algo errado, mas se eram muito inteligentes se davam conta de que era nelas mesmas que algo estava faltando. Se persistiam, às vezes chegavam a algum lugar, mas a maioria desistia de dançar, porque percebia que aquele não era o seu mundo. Existe na maioria das pessoas uma divisão assim entre instinto e intelecto. Uma aula técnica deve, de certa forma, dentro de certa escala, unir os dois para que ambos trabalhem em conjunto.

Durante a aula são sobretudo problemas físicos, o conhecimento e a mobilização do corpo que importam. É um processo fantástico mas também muito isolado e solitário para cada dançarino. Ele tem de ser partilhado de alguma forma, em vez de ser, como na maioria dos casos, uma espécie de combate solitário e no escuro.

Sim. Não sei se tem que ser tão solitário, mas tem que ser primeiro uma necessidade dentro de você mesmo. Você faz perguntas e tenta encontrar respostas, está constantemente pensando que provavelmente não é a única resposta ou a correta, mas ao menos você tem algum tipo de resposta.

No momento em que a linguagem clássica se formou, eles começaram mesmo com crianças. Você já pensou em ter crianças nas aulas, e em trabalhar com elas?

Não que eu não fosse gostar disso, mas na minha situação não seria prático. Lembro que estava dando aula certa vez em Boulder, no Colorado, no verão, tentando ganhar algum dinheiro para pagar alguma outra coisa. Estava olhando pela janela certa manhã e havia várias crianças lá fora. Estavam saltitando e correndo, brincando, crianças pequenas, e de repente percebi que estavam dançando, dava para chamar aquilo de dança, e ainda assim não era dança; achei aquilo maravilhoso. Não havia música. Elas estavam saltitando e parando como fazem as crianças, e caindo. Me perguntei o que era aquilo. Então me dei conta de que era o ritmo. Não o ritmo imediato, pois cada uma fazia algo diferente; mas o ritmo de cada uma era muito claro porque estavam fazendo aquilo completamente, como fazem as crianças. E elas têm um jeito extraordinário de inventar sem ficarem constrangidas. É fantástico de assistir. A gente gostaria de começar com pessoas mais novas, crianças, mas isso exigiria uma escola muito mais elaborada. Eu não conseguiria, pessoalmente, mas se outra pessoa fizesse isso seria legal. O outro problema com o ensino da dança é não distorcer o corpo da criança.

Você acha que bons professores de dança são uma coisa rara. O que faz um bom professor?

Um mau professor fica no caminho, um bom professor não atrapalha o aluno.

Em princípio, trata-se de desenvolver os talentos físicos do aluno e de lhe ensinar a executar diversos passos de certa dificuldade técnica. O professor tem que ter isso em mente. Por outro lado, ele deve tomar um cuidado diário e constante para que o aluno não se machuque, não deforme seu corpo exagerando o esforço necessário para dominar essas técnicas. E deve esperar que cada aluno descubra por conta própria, com a prática diária, como ele pode dançar. É um processo muito longo, no qual é necessário que você aprenda como o corpo funciona, e com atenção, a cada dia. Você também tem que garantir que o aluno trabalhe por conta própria, e não fique apenas seguindo. Você acaba adquirindo uma espécie de intuição sobre o que cada aluno busca, e ao mesmo tempo em que ponto está, dia após dia.

Não é fácil, mas se a pessoa se concentra, se investe sua energia e tempo, é possível medir seu progresso. Quando passo meus exercícios, tomo cuidado para não impor nenhum tipo de estilo, só espero que ele apareça da forma mais natural possível. Enfim, é muito importante que todo dia o aluno tenha a sensação de que dançou, mesmo que pouco. Até algo muito simples, como passos de corrida, já é o bastante. Com ou sem razão, tenho a impressão de que em cada aula, depois dos exercícios de aquecimento, que devem levar bastante tempo, em algum momento o aluno tem que tocar os limites máximos daquilo que ele é capaz de fazer, e, a cada dia, deve alcançar isso e ultrapassá-lo.

Também é muito difícil encontrar bons professores porque o que eu peço não é o que se faz comumente, é um jeito particular de ensinar, senão ele seria feito em toda parte; e ele implica características físicas bem precisas. Isso restringe ainda mais o campo.

Idealmente, se eu pudesse, trabalharia apenas com a minha companhia. Não daria aulas, não gosto. Mas nem todos são como eu, há quem tenha prazer em ensinar e o faça bem. De forma que a situação não é tão ruim...

SOLOS

. . .

Vejo a dança como uma transformação
constante da própria vida.

. . .

De um jeito ou de outro, o que pensávamos
que não podíamos fazer era totalmente
possível, bastava que não colocássemos
a mente no caminho.

[JACQUELINE LESSCHAEVE]

Um dos seus primeiros solos teve o título lindo e ambíguo de *Root of an Unfocus* [Raiz de um desfoco]. Como você interpreta isso: raiz de uma descentralização, raiz de uma turbulência?

[MERCE CUNNINGHAM]

O título é meu. "Desfoco" aqui se refere a uma perturbação da mente, um desequilíbrio; é um termo fotográfico que significa um borrão, uma ausência de clareza. É um dos primeiros solos que fiz. Eu ainda estava interessado na expressão. Era sobre medo. A dança tinha três partes. A primeira dava a impressão de alguém percebendo que existe algo desconhecido. A segunda mostrava o dançarino lutando com isso, mas é inútil porque não há nada ali. Na terceira o dançarino é derrotado pela coisa. O fim era uma série de quedas e rastejadas para fora do palco. De certa forma eu ainda estava fazendo uma dança moderna convencional, com grandes diferenças de ritmo entre as três partes. No entanto, a obra toda era baseada numa estrutura temporal que John Cage estava usando na época, e que ele chamava de sistema da raiz quadrada: se você tinha uma sequência, por exemplo, de dez tempos, então a estrutura para essa seção era dez por dez. Aí a seção seguinte era oito por oito. A gente sabia que ia coincidir em certos pontos estruturais. Nem sempre acontecia (porque estávamos dividindo as sequências de forma diferente), embora nós dois fôssemos muito precisos. Havia um ir e vir entre nós. A música foi composta por John para piano preparado.[7]

Então esse foi um momento em que você ainda dançava ao ritmo de uma música.

7. Criado por John Cage, o piano preparado tem seu timbre alterado por objetos fixados entre as cordas, como parafusos, fragmentos de borracha, plástico, madeira etc., que alteram o som de forma radical. [N.E.]

Não exatamente. E o que John compôs também não foi composto para a minha dança. Nós dois trabalhamos de maneira independente dentro da estrutura que havíamos concordado em usar.

Existe uma gravação da música. Há algum documento que tenha registrado a dança?

Não, só uma ou duas fotografias.

Nove anos depois fiz outro solo, chamado *Untitled Solo* [Solo sem título] e criado para uma música já existente, uma obra para piano de Christian Wolff. Trabalhei nisso no Black Mountain College em 1953, aquele verão em que estávamos todos lá. A música era uma obra complexa para piano, e, embora eu não a estivesse seguindo nota por nota, estava tentando acompanhar sua estrutura, digamos assim. Ainda que eu conseguisse até certo ponto ler a partitura, era muito complicado, realmente precisei da ajuda de David Tudor. Ele, que era um exímio pianista, estava lá naquele verão trabalhando em obras para piano para seu programa, e eu não quis pedir que viesse ensaiar comigo todo dia, mas pedi que viesse de vez em quando, porque eu estava tendo dificuldades. Ele vinha um dia, a gente trabalhava junto, depois eu só me sentava e David tocava a coisa toda, e depois trabalhávamos juntos outra vez. Por fim, David sorriu e disse: "Bem, isso é visivelmente impossível, mas vamos seguir em frente e fazer mesmo assim." [risos]

Eu tinha criado a dança preparando uma gama de movimentos. Encontrava um movimento ou sequência e anotava para deixar claro o que era — isso foi antes do vídeo — e depois encontrava outra coisa: um movimento com os pés ligeiramente parecido com um *pas de bourrée*, pequenos gestos para as mãos, rotações de cabeça, coisas repetidas. Depois eu jogava duas moedas no ar para descobrir a ordem pelo acaso. Onde havia uma sequência, era isso que eu fazia. Mas quando era um movimento único, eu jogava as moedas outra vez para ver se outro movimento devia ser executado ao mesmo tempo. Certa vez cinco coisas diferentes surgiram, todas separadas, e passei dias treinando sem a música, para entender; só para lembrar da continuidade, do que vinha depois, era um problema enorme. Isso reordenou todo meu sistema de coordenação. Primeiro eu pensava que era impossível, depois dizia: "Bem, vou tentar." Então fazia um movimento com os pés, depois com as mãos, e via como consertar isso, depois a cabeça, ensaiando tudo junto a cada vez. A dança tinha uns cinco ou seis minutos, o que para um solo é longo. Finalmente, no fim do verão, mal fui capaz de apresentar a dança. Aquilo reorganizou totalmente a minha ideia do que era a coordenação, ou pelo menos a minha, com certeza. Ouvir a música era estranho, tentar saber onde eu devia estar em certos momentos de acordo com os sons, e depois tentar fazer essa dança complexa com a música, ah, era impossível. Mas, como disse David, fomos em frente e fizemos mesmo assim.

Isso foi quando comecei a usar o sistema de acaso. Também comecei a ver que havia um monte de coisas que a gente achava que não podia fazer, quando isso obviamente não era verdade, poderíamos fazê-las se tão somente não colocássemos a mente no caminho. Foi isso que descobri continuamente ao longo da minha experiência, que a mente sempre dirá: "Ah, não posso fazer isso"; mas, se você tentar, muitas vezes você pode, sim, e mesmo que não possa, aquilo lhe mostra algo que você não sabia antes.

Vejo isso repetidamente. Quando dou oficinas, com alunos, as duas perguntas que fazem com relação às operações de acaso são, primeiro: "Se surge algo de que você não gosta, o que você faz?" Minha resposta a isso sempre foi que aceito e lido com o que surgiu. E eles perguntam: "Se surge algo que você não é capaz de executar, o que você faz?" Explico a eles que eu sempre tento, porque a mente vai dizer que você não consegue, mas na maioria das vezes você consegue, sim, ou encontra outro jeito, e é isso que é maravilhoso. Em certos casos é mesmo impossível, mas outra coisa acontece, alguma outra possibilidade surge, e sua mente se abre. É como a necessidade sendo a mãe da invenção. Você se depara com uma necessidade, faz dela uma necessidade, então encontra um jeito. A pessoa tem que ser muito forte e determinada.

Certo dia, anos atrás, estávamos filmando alguma coisa para a televisão alemã e em dado momento eu disse: "Ah, acho que dançarinos têm que ser um pouco burros para fazer o que eles fazem todos os dias." O entrevistador ficou chocado. Mas eu disse: "Mas é, eles têm mesmo! Para aguentar certo tipo de coisas, você tem que ser totalmente inocente ou tolo, porque se pensasse no assunto durante meio segundo você não as faria." [risos]

Por que "solo sem título"?

Trabalhar com moedas era muito novo para mim naquela época, eu não sabia o que era, e chamei de "sem título" porque realmente não havia título. Na verdade, a dança é bem dramática. O drama vem da intensidade. Era fisicamente difícil para mim executar aquela dança, por causa das transições, o jogo dos movimentos uns contra os outros, a brusquidão do ritmo, das mudanças. Era tecnicamente muito difícil de executar. E o drama vinha daí, não que eu colocasse qualquer emoção na dança — das primeiras vezes que a executei, mal consegui terminá-la —, mas do jeito como ela passava de um gesto a outro. Havia coisas velozes com os pés, e depois de repente mãos, e a cabeça rodando. Lembro que quase quebrei o pescoço uma vez me jogando de um lado a outro [risos]. Geralmente, o drama é produzido pelo contraste, uma coisa contra outra coisa seguida de uma resolução de um jeito ou de outro. Essa dança não tem, nesse sentido, qualquer resolução. Ela só acaba. É uma forma de rodopiar que tive que fazer várias vezes, minha cabeça no ar, meus braços em algum lugar, e então é incrível: eu paro! Fiz solos desde então, é claro, inseridos com frequência em danças preparadas para a Companhia, em *Canfield* e *Scramble*, por exemplo, e também inúmeros solos para os "Eventos".

Desde o começo e até hoje você sempre manteve o papel duplo de dançarino e coreógrafo?

Isso é muito comum na dança moderna, simplesmente porque se alguém quer dançar e tem uma ideia não tradicional da dança, tem que criar as próprias coreografias, senão ninguém o fará. É uma necessidade prática. Era o único jeito para um dançarino moderno. A tradição no balé é que um coreógrafo crie uma dança para os dançarinos. No ano passado fiz um solo chamado *Tango*. Não sei dizer o que me levou a criá-lo. Estava trabalhando em *Exchange* na época, e, às vezes, quando estou criando uma coreografia para a Companhia, penso em alguma outra ideia muito diferente, por alguma razão. Pode ter sido porque os dançarinos não estavam disponíveis, provavelmente devido aos figurinos, não lembro mais por quê, mas comecei a criar uma coreografia para mim mesmo. Quis fazer um solo; ele leva seis minutos.

Por que "tango"?

É curioso, no instante em que você dá um título as pessoas querem saber por que fez isso... A palavra tem muitos significados. Por exemplo, é argentina...

É um código para um voo, um tom...

Um tipo de dança, ou apenas uma palavra...

Sim, com cinco letras, duas vogais, três consoantes, nenhum som repetido... Que figurino você usou?

Mark Lancaster fez os figurinos e os cenários. Ele colocou um aparelho de televisão no palco. Acho que ele fica visualmente ligado o tempo todo, mas só se ouve o som durante uma parte da música, quando o resto todo está desligado.

Então há a imagem atrás de você constantemente?

Acho que sim, mas na verdade não tenho certeza, porque na maior parte do tempo minha posição não permite que eu veja a televisão.

Com algum programa especial passando?

Não, o que quer que esteja passando por acaso, provavelmente o canal que tenha melhor recepção na sala. Em Lyon, acho que foi Lauren Bacall numa entrevista que ela deu para a TV francesa. De repente percebi que ela estava na tela.

O solo tem uma estrutura muito simples realçada pela música: quatro minutos; meio minuto; um minuto e meio. É como uma apresentação de vaudeville. O figurino não é elaborado, levo uma toalha azul e há uma capa de chuva no palco. Estou vestido de amarelo: casaco amarelo, calça de moletom amarela.

Nessa dança, o movimento veio primeiro para cada seção, e depois trabalhei com tempo e espaço. Só os ritmos são complexos. É uma dança criada para um espaço pequeno. A estrutura é simples, mas bem rígida, ou deve ser.

Uma palavrinha, talvez, sobre o solo chamado *Solo*?

Chamo esse de "o solo animal". Visto um collant de corpo inteiro que foi pintado por Sonja Sekula. Suas estampas sugerem diferentes animais. As imagens da dança vão de um tipo de animal a outro, pássaro, cobra, leão, em oito minutos...

Quero voltar para os seus primeiros solos, dentre os quais há dois títulos que me chamaram a atenção. Ambos são de *Finnegans Wake* [Finnicius revém]: *In the Name of the Holocaust* [Em nome do holocausto] e *Tossed as it is Untroubled* [Tão atirado quanto imperturbável].

O primeiro é um trocadilho de Joyce em *Finnegans Wake* com "In the name of the Holy Ghost" [Em nome do Espírito Santo]. O segundo é derivado da expressão "Unhemmed as it is uneven" [Tão desembainhado como desigual], que é o trocadilho dele com "On earth as it is in heaven" [Tanto na terra como no céu]. O primeiro tinha um tom religioso, muito provavelmente ligado à minha educação católica. O segundo era mais alegre, com muitos saltos e pulinhos.

Creio notar três tipos de título: os que são como os que acabamos de mencionar, com uma ressonância literária, outros que são mais tradicionais e muitos títulos curtos: *How to Pass, Kick, Fall and Run*; *Dime a Dance*; *Springweather and People*; *Lavish Escapade*; *Nocturnes*; *RainForest*; *Second Hand*; *Suite by Chance*; *Cross Currents*; *Changeling*; *Antic Meet*; *Summerspace*; *Rune*; *Winterbranch*; *Signals*; *Changing Steps*; *Torse*; *Fractions*; *Sounddance*; *Scramble*; *Exchange*; *Locale*; *Roadrunners*; *Channels/Inserts*; *Trails*; *Gallopade*; *Tens With Shoes*; *Fielding Sixes*; *Quartet*; *Coast Zone*; *Deli Commedia*; *Inlets*; *Roaratorio*; *Duets*; *Pictures*; *Doubles*; *Phrases*...

Sim, no começo meus títulos eram bem mais longos do que agora, talvez porque os solos que eu fazia na época fossem curtos... Acho que recentemente tenho escolhido títulos mais curtos, com significados abertos e múltiplos.

Eu gostaria de mencionar o fato de você mesmo continuar a dançar, para grande surpresa daqueles que só conseguem ver a dança em termos de estereótipos de promessa da juventude e maturidade, enquanto você se interessa antes de tudo em dar continuidade às suas explorações através da dança. Como você diz muito bem: "Você não para de viver, então não para de dançar."

Eu danço porque isso me dá um prazer profundo. Não apenas por causa das questões que são levantadas através da dança, mas por causa da dança em si. Mesmo assim, não é indispensável que eu o faça. Outros continuarão a dançar, minha companhia em particular. Mas não vejo por que clichês ou ideias convencionais deveriam interferir com as explorações que ainda sou capaz de fazer. Essas pessoas que ficam chocadas veem a dança de maneira muito limitada. Eu vejo a dança como uma transformação constante da própria vida.

AS DANÇAS I

. . .

As danças sempre nascem de
uma questão física particular.

[JACQUELINE LESSCHAEVE]

Quando falamos sobre *Torse* você disse que cada uma das suas danças era construída em torno de uma questão física específica. Uma vez que esse material é escolhido, você extrai uma teia ou uma sintaxe cuja diversidade eu gostaria de analisar em várias das suas danças. Particularmente, sem o apoio de estilos e sequências modernas ou clássicas, você encontrou um meio ao mesmo tempo sutil e amplo de combinar unidades de movimento que de outra forma poderiam ser difíceis de discernir ou identificar. Quando se fala de fraseado na dança, ainda é possível fazer isso de outra maneira que não no sentido do século XIX?

[MERCE CUNNINGHAM]

Certos detalhes podem contribuir para o movimento fraseado. Pode-se amplificar uma sequência com movimentos minúsculos que não precisam ser evidentes para serem eficazes. Por exemplo, numa dança chamada *Second Hand*, feita para a música "Socrate", de Erik Satie, dei a cada dançarino um certo número de gestos diferentes com as mãos que podiam ser feitos em qualquer ordem. Durante todo o terceiro movimento cada dançarino podia fazer uma escolha com relação a qual desses gestos gostaria de usar. Eram coisas pequenas, como sinais com os dedos, mãos abertas ou fechadas; o dançarino podia mantê-las ou trocá-las como quisesse em relação ao outro movimento que estivesse fazendo. Era como com as folhas de uma árvore. Se você olhar com atenção para uma árvore, todas as folhas são únicas, embora todas elas tenham o mesmo formato geral e a mesma estrutura. Todos esses gestos eram quase imperceptíveis na dança porque eram pequenos e podiam ser mantidos apenas brevemente. Cada dançarino tinha vinte gestos diferentes com a mão; não precisavam usar todos. Em compensação, pedi a eles que mantivessem a mesma ordem a cada vez, acho, mas talvez nem tenha feito isso. Se uma pessoa visse a dança com alguma frequência, provavelmente começaria a perceber que isso estava acontecendo, que havia alguma mudança. Mas se não fosse esse o caso, não teria certeza, porque provavelmente olharia primeiro os outros movimentos mais óbvios.

Second Hand foi feita em 1970, mas pode se dizer que comecei a criá-la muito antes disso. Muitos anos atrás, fiz um solo para o terceiro movimento de "Socrate". Era um solo durante o qual eu ficava em um único lugar e fazia a dança sem me mover para longe dele por uns cinco ou seis minutos. John Cage havia feito uma versão para dois pianos da primeira parte de Socrate, tirada da obra original para orquestra e voz. John sempre quis que eu fizesse a coreografia da música inteira. Anos se passaram e eu estava criando outras danças. Finalmente, por volta de 1969, John disse que estava trabalhando na versão para dois pianos das outras duas partes, de forma que, se eu quisesse fazer a coreografia, a obra inteira estaria disponível. Não falei nada, mas comecei a ouvir a minha gravação de "Socrate", a ouvi-la novamente. É uma obra musical extraordinária. Certo dia, quando estávamos em turnê pelos Estados Unidos, tivemos uma reunião sobre a música para a Companhia. Havia um problema com a música eletrônica. David Tudor e Gordon Mumma — Mumma estava conosco na época — tinham muita dificuldade em arrumar as coisas para três obras eletrônicas toda noite porque tinham muito pouco tempo, e perguntaram se seria possível criar um programa no qual uma das obras não fosse eletrônica, para que eles não precisassem se apressar tanto. Eu disse "é claro", e comecei a trabalhar em "Socrate" discretamente por conta própria, e depois, em outra turnê, dois ou três meses depois, a questão surgiu outra vez, e John disse: "Você devia fazer o 'Socrate'"; e eu respondi: "Estou fazendo."

Continuei a trabalhar na dança, e finalmente com os dançarinos. Então chegou a hora de apresentá-la pela primeira vez. John tinha que conseguir com o editor francês os direitos para usar o arranjo que havia feito para dois pianos, mas o editor não deu permissão. Então o que John fez foi escrever uma nova peça usando a mesma fraseologia, o mesmo ritmo, e mudando a melodia de "Socrate" com operações de acaso, chegando ao que usamos hoje quando fazemos a dança, para não ter problemas de direitos autorais. É a mesma fraseologia, o mesmo ritmo, mas a melodia é totalmente nova; e ele a fez para um piano, para que pudesse tocá-la. É uma obra muito prática. John disse que iria chamá-la de *Cheap Imitation* [Imitação barata], para que o título, e não apenas a música, imitasse

Satie. Eu disse: "Se você vai chamar a sua versão de *Cheap Imitation*, vou chamar a minha de *Second Hand* [Segunda mão]", já que eu tinha trabalhado nela anos antes e lá estava eu outra vez.

O primeiro movimento era o solo, que, por sorte, eu lembrava exatamente como era; fiz na segunda parte um dueto com Carolyn [Brown], e a terceira é com a Companhia, todos nós. É uma coreografia longa que pede um palco vasto. Leva pelo menos 35 minutos, seis para o primeiro movimento, mais de oito para o segundo, e o terceiro tem 22 minutos com toda a Companhia. Quanto ao espaço, durante o solo, o primeiro movimento, eu ficava em um só lugar. No segundo movimento, Carolyn e eu nos movíamos pelo espaço como se estivéssemos ao ar livre, provavelmente motivados pelo título, "Bords de l'Illissus" [Margens do Ilisso]. No movimento final, "Mort de Socrate" [Morte de Sócrates], numa tentativa de fazer com que o espaço não fosse estático, decidi criar uma coreografia na qual os dançarinos teriam de fazer um círculo completo até o fim da dança. Eu começava o movimento de pé, sozinho, no fundo do palco, enquanto os dançarinos entravam progressivamente, e ao longo da dança fazíamos uma espécie de círculo espiralado até a saída final dos dançarinos, que me deixavam sozinho no palco.

O círculo não é de modo algum explícito. Os dançarinos se separam e se movem em diferentes direções à medida que a dança continua, mas o padrão circular difuso está presente.

O ritmo e o fraseado foram tirados da música.

Em que ordem você trabalhou: 1) espaço, 2) ritmo e 3) movimento?

Nesse trabalho a música foi a primeira consideração, sua estrutura e até seu conteúdo. Elaborei tempos para mim mesmo, estudando o fraseado e o ritmo da música, e depois trabalhei nas ideias espaciais que levaram às ideias de movimento.

Sim, essa é uma das coisas mais delicadas e complexas de se tentar elaborar. Quais são as bases de composição para uma obra específica e por quê?

Depende muito da obra. Em dado instante, uma coisa pode ser momentaneamente mais importante que outra, mas só é mais importante na medida em que você tem que lidar com ela naquele momento específico. No momento seguinte pode ser diferente.

Os figurinos de *Second Hand* foram desenhados e pintados por Jasper Johns. Consistem em collants de corpo inteiro e meias, cada um de uma única cor, a não ser pela beirada de um lado do braço ou da perna, onde entra outra cor. Essa segunda cor é a principal de outro figurino. Isso se torna aparente quando os dançarinos ficam enfileirados para cumprimentar o público. Jasper pediu que a reverência fosse organizada de maneira a mostrar a sucessão de cores.

Suite by Chance era uma dança muito elaborada. Foi a primeira que fiz onde tudo foi determinado pelo acaso. Havia quatro partes, ainda, por assim dizer, de formato clássico, se é que posso usar a palavra: o primeiro movimento era andante; o segundo era muito lento; o terceiro era um pouco mais rápido; o último movimento era muito rápido. Com exceção disso, sujeitei cada coisinha ao acaso. Fiz uma série de tabelas de tudo: espaço, tempo, posições, e a dança foi construída para quatro dançarinos indo de uma dessas listas à outra. Então acabou.

A minha intenção original era ter uma partitura para piano de Christian Wolff, mas enquanto eu trabalhava na dança, ele se interessou pelo que era naquela época — 1952-53 — a música eletrônica, e me perguntou se eu teria interesse numa partitura eletrônica. Eu disse: "Claro, ótimo." Então ele fez a coisa em fita magnética usando sons de oscilador. Isso mudou a maneira como eu trabalhava com o tempo. A princípio, tínhamos esperado conseguir de alguma forma nos conectar com os sons do piano ou as contagens, mas já não podíamos fazer isso. Por consequência, tive que conectar através de minutos e segundos. Usei um cronômetro pela primeira vez. Foi tudo certo. Era só um novo jeito de trabalhar.

Suite for Five. Essa, só pelo título, indica o número de dançarinos (eram cinco). Na verdade deveriam ser seis, [risos] mas um deles estava machucado ou indisponível e não pôde trabalhar na época em que eu estava preparando isso, então fiz algo para cinco dançarinos. O espaço foi concebido usando pedaços de papel e marcando as imperfeições de cada um. Se você olhar para qualquer pedaço de papel, este aqui por exemplo, vai ver pontinhos. Eu numerava esses pontos e, por operações de acaso, decidia onde alguém devia começar no espaço e para que espaço devia ir em seguida, e depois disso, e assim por diante.

Cada dançarino tinha pontinhos diferentes. Eu os sobrepunha para ver se eles se juntavam, e onde isso acontecia eu criava sequências com dançarinos juntos.

Originalmente, era uma série de cinco solos para mim: *Solo Suite in Time and Space*. Daí comecei a criar mais danças, um dueto para Carolyn Brown e eu, um trio e um quinteto para os cinco. Mais tarde acrescentei um solo para Carolyn. É por isso que quando se vê as datas, elas são algo como 1953-58, porque coreografias diferentes foram acrescentadas durante o período. Mas a maneira de criar as danças continuou a mesma. Eu criava uma gama de movimentos para uma sequência específica e depois decidia os espaços e tempos com a ajuda dos pedaços de papel e suas imperfeições. O tempo era feito em segundos. Eu dava uma espécie de permissão de tempo para dado movimento ou sequência de movimentos. Digamos que a pessoa esteja aqui fazendo certo tipo de movimento, e ela vai terminar lá. As operações de acaso diziam quanto tempo isso levaria. Se fosse um tempo muito curto, para chegar daqui até ali e fazer o movimento, eles tinham que fazer rápido, mas se fosse longo, digamos, um minuto para ir daqui até ali, o movimento podia ir indiretamente mesmo que terminasse ali. E no meio disso, era possível que o dançarino esbarrasse com outro, e eu permitia algum tipo de conexão, um levantamento ou uma pose. O trio e o quinteto foram feitos assim.

Septet foi feito em Black Mountain, em 1953, para a música de Erik Satie chamada "Trois Morceaux en Forme de Poire". Tinha seis dançarinos: três homens e três mulheres; é uma dança convencional, feita para a música. É um balé curto. Não sei de que outra forma descrever. Embora agora eu tenha certeza de que, para qualquer pessoa que assista a esse balé, a relação da dança com a música pareça sensata, senão convencional, lembro que na época os músicos disseram que essa relação era estranha, porque em certos momentos havia uma ênfase na música e não na dança. Agora isso é perfeitamente aceitável. Fizemos essa coreografia várias vezes, e espero trazê-la de volta se puder, por várias razões: é uma obra útil em matéria de turnês; pode ser feita em muitos palcos diferentes; não tem cenário ou nenhum problema do gênero; a música é simplesmente feita por quatro mãos ao piano, e é uma obra relativamente simples de manter ao longo do tempo. É também um desejo meu ver o que ela daria hoje. Temos uma gravação que foi feita quando estávamos em Helsinque em 1964, e eu tenho algumas anotações, de forma que fui capaz de recuperá-la. Parte da dança está no programa "Dance in America", duas sequências dela.

Nocturnes era um balé branco, feito para os "Cinq Nocturnes" de Satie. Havia seis dançarinos que se dividiam momentaneamente em pares, e depois se fragmentavam em seis indivíduos que apareciam no espaço e desapareciam dele, ou permaneciam apenas parcialmente visíveis. O programa dizia: "Do crepúsculo até a hora das bruxas." Tenho apenas algumas anotações dispersas e fotografias. Uma anotação diz: "Categorias — passos simples, adágios, proezas físicas, posições (imobilidade)." A quarta dança era um dueto para Viola Farber e eu. Que extraordinária flexibilidade ela tinha!

O cenário branco que Rauschenberg fez era muito bonito. Os dançarinos também estavam todos de branco. As mulheres tinham maravilhosos enfeites brancos para a cabeça. A única coisa que não era branca era a maquiagem especial no rosto dos homens. Metade do meu rosto estava vermelha e a outra metade estava branca. O rosto de outro dançarino era metade amarelo, metade azul. Eu dissera a Bob que em dado momento da dança eu ia fazer com que algo acontecesse no fundo, que deveria parecer uma enorme distância de todo o resto. Ele me fez mais perguntas a respeito disso, mas eu ainda não tinha feito nada, só tinha essa ideia: talvez os dançarinos pudessem ficar atrás de uma coisa transparente.

A primeira apresentação que fizemos foi no Brooklyn, na Academy of Music, num palco minúsculo, e Bob havia feito um lindo arranjo para a cena. Era uma espécie de cortina que ocupava uma parte lateral do palco através da qual se podia enxergar e que tinha na ponta uma forma retangular opaca — eu não sabia qual era o material —, opaca e branca, de modo que não era inteiramente transparente, então as pessoas podiam entrar, ficar lá e depois desaparecer antes de voltar a ressurgir. Ensaiamos de manhã e de tarde no teatro e, logo antes de os dançarinos saírem para comer alguma coisa, os bombeiros apareceram. Eles deram uma olhada naquele lindo cenário e disseram: "Vocês não podem usar isso, não é à prova de fogo." Nunca tínhamos nos deparado com esse problema antes. Já estávamos no fim da tarde. Bob foi sensacional e Jasper [Johns] estava lá para ajudá-lo. Ambos disseram: "Não se preocupe, vamos cuidar disso." Eu falei: "Não vou me preocupar..." E foi o que fiz. Saí de lá. Tinha que comer alguma coisa. Estava morrendo de fome. Voltei por volta das seis da tarde, o programa era às 20h30, e lá estavam Bob e Jasper. Eles haviam tirado tudo que estava preocupando os bombeiros e construído uma coisa linda com galhos verdes e folhas que pegaram em algum lugar, acho que devem ter ido a um parque. [risos] Estávamos fazendo uma única performance, é claro, então conseguimos dar um jeito...

Parece que você tem uma predileção pela música de Satie, que acompanha diversas das suas primeiras danças.

Sim, é verdade. Eu gostava muito da música. Antes disso, havia feito solos para as obras musicais de Satie. Daí começamos a nos envolver com música eletrônica. Mas uma das coisas com que estávamos todos preocupados — David Tudor, John e eu — era que a parte musical fosse sempre ao vivo. Em outras palavras, não queríamos música gravada.

Mas por que Satie, especificamente, dentre tantos compositores?

Em parte por amor à música dele, mas também porque a qualidade da música de Satie permanece misteriosa e não exatamente definível, e suas invenções formais, estruturais, são interessantes; ao menos eram para mim, de maneiras que eu não costumava encontrar em outra parte. Posso ouvir a música de Satie hoje, os "Trois Morceaux en Forme de Poire", por exemplo, que escutei muitas vezes ao longo dos anos, cuja experiência ainda é tão revigorante quanto da primeira vez, ao passo que isso não acontece quando ouço a música de outros compositores; percebo que começo muito rápido a conhecer os procedimentos formais, e isso não segura meu interesse como a música de Satie ainda faz. O foco em Satie foi iniciado por Cage. Embora eu conhecesse Satie, é claro, de muito tempo antes — Louis Horst havia usado as "Gymnopédies" em sua aula de composição —, eu não sabia muito sobre a sua música, e John — que, quando se interessa, explora tudo que há, como sempre — descobriu que era uma grande produção. Então, em Black Mountain, ele organizou a coisa toda num festival de Satie e fez com que a gente ouvisse quase tudo. Daí foi só uma questão de que obra em particular me interessaria.

Um dos problemas práticos da nossa situação, devo dizer, é que à medida que fomos mudando e começamos a ter tipos diferentes de música, ficamos dependendo de músicos que soubessem tocar tanto instrumentos elétricos quanto piano.

Você estava interessado em outros compositores modernos? Estou pensando na Segunda Escola de Viena: Schoenberg, Berg, Webern.

Eu fiz as *Labyrinthian Dances*, que usavam uma obra para quatro mãos de Joseph Mathias Hauer, o compositor vienense que inventou o dodecafonismo ao mesmo tempo que Schoenberg, mas de maneira independente. Mas meu trabalho era feito inicialmente com compositores americanos: Morton Feldman, Earle Brown, Christian Wolff, que, como John Cage, trabalhavam com novas ideias musicais.

Dime a Dance era uma série de 14 coreografias — solos, duetos, e assim por diante — que eu havia criado para nós seis. David Tudor selecionou a música para acompanhar, sabendo apenas o ritmo de cada dança. Não disse nada a ele sobre qualidade, mas ele começava a música com a dança e parava quando nós parávamos, independentemente de onde estivesse na música. Isso incluía, entre outras coisas, um solo para mim feito ao som de uma bagatela de Beethoven, por exemplo. Havia obras de Debussy, Alkan, Gottschalk. David escolheu dentre a música do século XIX. Cada dança era construída de acordo com um arranjo formal particular, e David encontrava uma música que se encaixasse com aquilo em termos de métrica. Mas, fora isso, não havia qualquer relação, de forma que qualquer ideia que a pessoa tivesse sobre aquela música específica não funcionava naquele contexto, e isso lhe dava um efeito totalmente diferente.

Antic Meet e *Summerspace* foram feitas no mesmo verão, 1958, na Connecticut College Summer Dance School. Trabalhei nas duas ao mesmo tempo, embora fossem muito diferentes.

Antic Meet é uma série de situações absurdas, uma depois da outra, cada uma independente da seguinte. Lembro de tê-las trocado em algum momento: em vez de seguir a ordem, eu tentava uma ordem diferente para ver se outra coisa funcionaria. Uma vez que o espetáculo envolvia troca de figurinos, embora eles não fossem muito elaborados, foi necessário organizar a coreografia de maneira que alguns dançarinos pudessem ficar fora do palco o tempo suficiente para se trocar antes de voltar. Tive que fazer com que a continuidade funcionasse com relação a isso. Bob Rauschenberg fez o cenário e o figurino. Lembro de falar com ele, mas eu estava trabalhando em Connecticut e ele estava em Nova York. Em certo momento eu disse a ele que queria ter uma cadeira nas costas. Ele pensou no assunto e disse: "Está bem." [risos] Depois de um tempo ele disse: "Bem, se você tem uma cadeira, posso ter uma porta?"; e eu respondi: "Claro, por que não? Ótimo." Também disse a ele que em uma parte eu queria usar um casaco com quatro braços. Tudo bem. Ele disse algo sobre as meninas usarem vestidos especiais, e eu falei: "Sem problemas, está bem." Então ele estava fazendo todas essas coisas, e eu estava lá, durante o verão, tentando concluir a coreografia. Fui a Nova York para ver o que ele tinha feito, ele disse que eu devia. Ele tinha ido a brechós e comprado todo tipo de coisas maravilhosas. Pegou um casaco de pele em dado momento e disse: "Você tem utilidade para isso?". E eu respondi "Claro", sem ter a menor ideia do que ia fazer com aquilo, mas era óbvio que ia usá-lo, parecia vivo. Então ele trouxe um buquê de flores artificiais e perguntou: "Você tem utilidade para isso?", e me mostrou que o buquê desaparecia. Era de uma loja de truques de magia; eu falei: "Com certeza, com certeza", mais uma vez sem ter a menor ideia. Daí ele colocou um desses vestidos que tinha feito com um paraquedas. [risos] Parecia Givenchy — era lindo e elegante —, feito de seda de náilon. Eu vi que aquilo ia funcionar maravilhosamente. Havia quatro vestidos: eram quatro mulheres e dois homens na dança. Numa das sequências, eles caminham lentamente, abanam os braços e de vez em quando se encontram. Bob pensou nisso e acabou colocando óculos escuros neles. Tinham que dançar com aqueles óculos. Ele entendia, como sempre entendeu, que algumas coisas não funcionam simplesmente por causa de uma impossibilidade física, e sempre foi fantástico quando se tratava de mudar algo por essa razão. Eu perguntei: "Ah, tem algum jeito de a gente trazer alguém no palco de forma que a pessoa esteja escondida e apareça de repente?" Ele disse: "Vamos usar papelão, uma imensa caixa de papelão — tipo um papelão de geladeira — que possa ser dobrado." Você coloca ele no palco. Só se vê uma caixa simples. Daí ele se move e há alguém sentado no chão... Remy Charlip e eu fizemos uma espécie de cena de tombos acrobáticos, caindo e saltando por cima do outro. Bob desenhou regatas maravilhosas com estampas que pareciam tatuagens. Havia uma parte para nós seis na qual saltávamos e caíamos muito no chão, e ele fez lindos objetos curvos que eram novamente simples regatas, feitas de um tecido elástico e que ficavam penduradas. Ele costurou um arco feito de material plástico em torno da extremidade inferior, de forma que o arco aparece, quica. Lembro que os das mulheres eram ligeiramente mais longos que os dos homens.

E a porta... Eu tinha dito: "Está bem, você quer uma porta, ótimo, mas como vai arranjar uma?"; "Ah, qualquer teatro tem uma porta", foi a resposta. E eu pensei: "Não tenho tanta certeza disso, mas não vou falar nada." Então Bob foi a Connecticut para trabalhar em tudo isso uma semana ou dez dias antes do espetáculo. É claro que não havia uma porta. Mas isso não o deteve. Ele encontrou uma — construiu-a sobre rodinhas —, e essa porta Carolyn a empurrava para dentro do palco — ela ficava atrás, não se podia vê-la — e daí eu abria a porta, e lá estava ela... [risos]

A música era "Concert for Piano and Orchestra", de John Cage. Em turnê ela geralmente era feita apenas com o solo para piano, e era David Tudor quem tocava.

Summerspace começa de um ponto de vista totalmente diferente de *Antic Meet*. Era sobre espaço, como o título indica. Eu estava tentando pensar em jeitos de se trabalhar no espaço, então imaginei essa obra. Na época, ainda estava trabalhando num proscênio. Decidi numerar as entradas e saídas um, três, cinco, e dois, quatro, seis, e uni-las pelas possíveis trajetórias. Você pode ir de um para um, um para dois, um para três, um para quatro, um para cinco, um para seis... acabaram as seis, daí você vai para a dois, pode ir de dois para um — isso é só o inverso — então vai de dois para três, dois para quatro, dois para cinco, dois para seis, aí são cinco. De três, já lidamos com a um, a dois e a três, então você vai de três para três, três para quatro, três para cinco, três para seis, são quatro. Quatro já foi, a não ser por quatro, cinco e seis, depois cinco para cinco, e cinco para seis, depois seis para seis, e formam 21 no total: 6 + 5 + 4 + 3 + 2 + 1 = 21 possibilidades de espaço... Daí para cada uma dessas 21 possibilidades, imaginei diferentes tipos de sequência, diferentes tipos de possíveis movimentos, movimento através do espaço. Algumas eram repetições, outras eram sequências muito elaboradas, algumas eram qualquer coisa... Então, por operações de acaso, imaginei não apenas a ordem, mas a velocidade, se seriam rápidas, médias ou lentas, e a sequência era feita em três níveis possíveis. Na época chamei-os de alto, meio e baixo... Alto significava *relevé* ou no ar, meio significava numa altura normal... baixo significava indo em direção ao chão... Considerando tudo isso, eu tinha a sequência das frases, e imaginei uma ordem diferente para cada um dos dançarinos. Mais uma vez, havia a possibilidade de se cruzarem ou se encontrarem, e às vezes acontecia de dois ou três dançarinos terem os mesmos movimentos, mas geralmente acabavam tendo movimentos diferentes.

Quando falei com Bob Rauschenberg sobre o cenário, disse: "Uma coisa que posso lhe dizer sobre essa dança é que ela não tem centro..." Então ele criou um pano de fundo e um figurino pontilhista.

Morton Feldman, que fez a música, estava em Nova York, Bob devia estar na Carolina do Sul e eu estava em Connecticut. Alguém perguntou a Morty aqui em Nova York o que ele estava fazendo... Ele disse que estava compondo a música para mim, que Bob estava fazendo o cenário etc. A pessoa disse a Morty: "Como é que Merce pode estar no norte, Bob no sul e você aqui, fazendo isso?" Morty respondeu: "Suponha que a sua filha esteja se casando, e suponha que eu lhe diga que o vestido de casamento dela só vai ficar pronto na manhã do casamento, mas que é da Dior." [risos] Isso é uma descrição de Morty, não da obra, mas de Morty! [risos]

Bob estava lá na apresentação. Com a ajuda de Jasper, fomos empurrados para fora vestindo nossos collants de corpo inteiro e meias. Eu tinha alugado uma casa com um quintal e nós nivelamos o jardim. Fizemos isso numa matinê, na última apresentação daquele festival.

E a iluminação?

Foi Bob quem cuidou disso inicialmente. Achei que ele iluminou de um jeito maravilhoso. Era como a luz de um pintor, nem um pouco como "iluminação". Era uma espécie de iluminação "geral", mas ela mudava constantemente, não de acordo com a dança. Era como a luz do sol mudando, como estar sentado aqui enquanto as luzes vão mudando.

Você deu essa coreografia a diversas outras companhias?

Sim: para o Swedish Ballet de Birgit Cullberg. O Boston Ballet apresentou-a uma vez; dei-a ao New York City Ballet e, na França, ao Théâtre du Silence.

Parece que essa foi a obra que você distribuiu primeiro — e mais — a outras companhias, não?

Uma das razões para isso é que se trata de uma dança que eu achava que dançarinos de balé poderiam fazer... sem muita desorientação. Não é verdade, mas eu achei que fosse.

Por que achou isso?

Porque a dança é cheia de giros, de coisas conectadas, de alguma forma, com o vocabulário deles, cheia de extensões de perna, por exemplo. E não tem uma quantidade imensa de movimentos do torso. Porém, tem mais velocidade. Margaret Jenkins, que mora na Califórnia, fez a marcação da dança e a conhece bem. Pode ensiná-la. Eu não faço isso muito bem, reensinar uma obra antiga. Outra pessoa tem que fazê-lo; depois, posso dar uma olhada. Ela ensinou a coreografia aos dançarinos de Boston e ao Théâtre du Silence. Fez um trabalho fantástico. Quando vi o Théâtre du Silence em Nova York ensaiando pensei que aquilo ia funcionar. Algumas coisas eles não faziam direito, mas tinham um entendimento suficiente da obra. Estavam tentando fazer aquilo funcionar entre si. Era um toma lá, dá cá. Se você pede que eles façam a coisa de um jeito específico, acaba nunca dando certo. Não é uma coreografia fácil porque deve parecer perfeitamente natural.

É mais difícil que *Changing Steps*?

Não, embora talvez seja, em certos aspectos. Há elementos técnicos em *Summerspace* relacionados à velocidade nos giros. Você deve ir estonteantemente rápido e, de repente, ir devagar, não desacelerar, mas ficar lento de um momento para outro, e isso não é fácil de fazer. As bailarinas originais — Carolyn, Viola, é claro — conseguiam fazer isso lindamente, tinham uma noção da coisa, embora algumas não fossem tão aptas tecnicamente. Ensinar essa coreografia a pessoas que não foram treinadas da mesma maneira, conseguir passar essa noção a elas é muito difícil de se fazer em duas semanas, ou seja lá o tempo que se tenha. É difícil para elas gravar a coisa — essa é a parte difícil —, porque as outras coreografias que aprendem não funcionam desse jeito, de forma que, quando voltam a isso, os ritmos estão desgastados...

Rune foi feita um ano depois de *Summerspace*, também em Connecticut. Eu tinha seis dançarinos, mais uma vez, quatro mulheres e dois homens; 25 minutos de duração, com cinco seções, cada uma delas tendo em torno de cinco minutos, um pouco menos ou um pouco mais; mais uma vez, eram gamas de movimentos. O título original era *Autumn Rune*, mas nunca usei sua integralidade. É um tipo de dança muito espaçado, com um certo número de ritmos — irregular, movimentos curtos, rápidos —, mas também algo muito calmo e extremamente lento. O que eu tinha planejado fazer era uma série de blocos separados de coreografia, de forma que a ordem da dança pudesse mudar, não necessariamente a cada apresentação, mas essa era uma das ideias envolvidas. Percebemos mais uma vez que quando estávamos em turnê não era possível fazer esse tipo de mudança porque ele requer muitos ensaios, e porque os dançarinos, inclusive eu, estavam muitas vezes cansados, e simplesmente não tinham como fazer isso. Essa é a única dança que escrevi bem detalhadamente; isso também foi antes do vídeo.

Quantas páginas para *Rune*?

São dois cadernos, umas quarenta páginas, escritas à mão com diretrizes espaciais e bonequinhos.

Você conseguiria refazer a dança com esses cadernos?

Sim, mas não muito facilmente. Quando pensei em trazê-la de volta, mais ou menos um ano atrás, começava a desvendar as anotações, os dançarinos me ouviam e tentavam fazer, mas não funcionava. Eu sabia que não eram os dançarinos, não havia problema com eles, as anotações é que não eram adequadas, ou pelo menos eu não as havia lido de maneira adequada. Então decidi tentar outra vez. Voltei, comecei tudo de novo e da segunda vez funcionou. Olhei tudo e decidi montar o quebra-cabeça peça por peça. Levei muito tempo porque todas as indicações significavam alguma coisa, e eu sabia disso quando as escrevi, então tinha que dar duro até descobrir ao que elas faziam referência.

Os cadernos originais foram escritos quando eu estava indo à Europa pela Icelandic Airways, um voo que levava muitas horas, então pensei em anotar tudo porque sabia que do contrário não iria lembrar dos detalhes.

A questão principal é que num período de 25 minutos você pode ter tanto silêncio quanto ação, ação querendo dizer dança. Quando não há ação significa que, se você está no palco, você está parado, se está fora do palco, ele está vazio. Desses cinco minutos, se você tem um minuto de silêncio, você tem quatro minutos de atividade possível, então dadas todas essas unidades de movimento, a etapa seguinte é ver o que funcionaria nesses quatro minutos em particular. Por esses meios, ou por meios de acaso, você escolhe certa unidade, e o que mais pode ser feito junto com ela. Se essa unidade ocupa uma parte pequena do espaço, então talvez você tenha que ter algo que não ocupe aquele mesmo espaço, pois não haveria lugar para isso. De forma que ao longo da dança eles passam de coisas grandes, enormes, a momentos em que ficam parados. Há um momento em que uma das mulheres fica no canto direito, no fundo do palco, e move o torso de um jeito lento e circular, mas sem sair do lugar.

Ao longo de toda a dança, você tem tanto a ideia dos cinco minutos quanto a ideia de que esses blocos separados podem ser colocados em qualquer ordem. Tentei criar blocos independentes que não se relacionassem uns com os outros e ainda assim fossem claros. Para facilitar a justaposição indeterminada desses blocos, criei-os de maneira que nada fosse acrescentado em termos de transição. Era o que eu queria, aquelas simples unidades de movimento que eram mantidas. Quando trouxe a dança de volta, me lembrei de tudo isso, mas não escrevi porque ficava entediado em fazer anotações. E também, se eu estivesse aqui fazendo a dança, seria diferente; mas sentado num avião... Acho que conseguimos recuperá-la agora, e vamos apresentá-la nesse verão. A música é de Christian Wolff, para dois pianos ou uma orquestra pequena.

Field Dances [Danças de campo] implica tanto campos rurais quanto campos espaciais. De início, eram quatro dançarinos, mas no fim das contas todos sabiam fazê-la. Minha ideia era criar algo que qualquer um pudesse executar, não apenas dançarinos profissionais. É uma dança indeterminada na medida em que cada dançarino tem uma série de movimentos relativamente simples, não tem a intenção de ser uma coreografia longa. Eles podem fazer os movimentos em qualquer ordem e quantas vezes quiserem, podem repetir, podem entrar e sair do palco. Havia certas sequências feitas por dois dançarinos juntos, ou três, ou quatro, e cada um tinha movimentos que fazia com qualquer pessoa, às vezes com uma pessoa em particular, às vezes com três ou quatro, mas todos eram movimentos relativamente simples, como balançar para a frente e para trás. Naturalmente, à medida que meus dançarinos foram fazendo a coisa, ela adquiriu um sabor diferente, porque são dançarinos, mas a coreografia também foi feita por estudantes. A ideia do campo era a de estar ao ar livre e, em vez de uma coisa linear, ter um campo de movimentos. A música era "Variations IV", de John Cage. Eu imaginara um som que viesse de longe. Quando nos apresentamos em teatros, ele usou rádios — acho que eram rádios —, colocando-os nos saguões, de forma que era algo que se ouvia a distância. Isso foi feito em 1963.

Com *Winterbranch* eu quis fazer uma dança sobre queda, então trabalhei com tombos. Lembro de experimentar muitas coisas com Steve Paxton, e percebi que para os dançarinos é difícil executar muitos tombos, você tem que estar seguro. Então pensei em sapatos ou tênis. Eu também queria algo em que eles não necessariamente fizessem entradas, mas simplesmente andassem. Com "entradas" quero dizer que eles não necessariamente entrassem no palco dançando, mas sim andando: você começa uma coisa, termina e depois vai embora andando, mesmo que isso não seja coerente com a obra. Então criei um grande número de tombos diferentes, experimentando-os por conta própria, com Steve, às vezes com a Companhia. Então, quando Bob Rauschenberg veio, eu disse a ele que precisávamos estar seguros, usando sapatos, que a luz poderia ser noturna, e esse seria o papel dele: criar a escuridão!

Variations V era uma obra complicada que nós não fazemos mais. Ela requer todo tipo de parafernália técnica. Era um evento de "mídias misturadas": havia antenas situadas numa grade acima do palco, dispositivos fotoelétricos de cada lado e circuitos de filme e de TV. A música de John era produzida constantemente, mas só se podia ouvi-la quando os dançarinos abriam os circuitos ao se aproximarem das antenas ou interromperem os raios de luz fotoelétrica. Essa obra foi encomendada por Lukas Foss e o French American Festival e apresentada pela primeira vez no Lincoln Center. Um filme dela foi gravado na Alemanha em 1966.

How to Pass, Kick, Fall, and Run [Como passar, chutar, cair e correr] é um título que tirei de um livro sobre futebol americano. "Passar" é passar a bola, "chutar" faz sentido; acho que "cair" não fazia parte. Gostava muito daquele título. Acrescentei "cair", e gostei porque haveria quedas na dança. Não há nada de passar, na verdade, mas a palavra funciona tão bem que não ligo para isso. Leva uns vinte minutos. John Cage conta histórias, cada uma em um minuto, a não ser que seja uma história muito longa, daí vai até dois minutos, mas a maioria dura somente um. Se a história tem poucas palavras, ele a conta devagar, já que deve levar um minuto. Daí pode haver dois ou três minutos de silêncio. Se a história tem muitas palavras, ele a conta depressa. Ele rearruma a cada vez a ordem das histórias. Originalmente, eu tinha planejado que as seções da dança fossem apresentadas cada vez numa ordem diferente, mas o ensaio fica tão complicado que sempre tive que desistir. Eu queria mesmo criar uma dança que realmente se movesse no espaço, embora nenhuma bola seja passada...

MOMENTOS COREOGRÁFICOS

. . .

Sempre tive a impressão de que
o movimento em si é expressivo,
independentemente de intenções de
expressividade, para além da intenção.

[JACQUELINE LESSCHAEVE]

Você disse que uma coisa de que gosta especialmente em *Torse* é o fato de que cada dançarino aparece em dado momento como solista. Sinto que há dois extremos antagônicos, portanto férteis, na sua obra: um deles é exemplificado pelo dançarino solitário. Todos os seus dançarinos, cada um deles dançando sozinho. O oposto é o material complexo formado por todas as trajetórias dos dançarinos. Por um lado a solidão é afirmada, e ao mesmo tempo há uma complexidade que pode ser vista tanto nos solos quanto nos conjuntos e que pode ser chamada de saturação coreográfica, uma vez que nunca antes foi apresentada. Entre esses extremos há as interseções onde um dançarino cruza com outro e onde poder evocativo e eloquência poética brincam com o espectador, sem se apoiar de maneira alguma numa expressividade intencional.

[MERCE CUNNINGHAM]

Um exemplo: fizemos um espetáculo chamado *Winterbranch* alguns anos atrás em muitos países diferentes. Na Suécia disseram que o tema era conflito racial; na Alemanha pensaram em campos de concentração; em Londres falaram em cidades bombardeadas; em Tóquio disseram que era a bomba atômica. Uma mulher que estava conosco tomava conta da criança que viera na viagem. Era a esposa de um capitão de navio e disse que o espetáculo lhe lembrava um naufrágio. É claro, é sobre tudo isso e não é sobre nada disso, porque eu não tive nenhuma dessas experiências, mas todos estavam buscando entre suas próprias experiências, ao passo que eu simplesmente criara uma coreografia que envolvia quedas, a ideia de corpos caindo. Eu havia dito a Bob Rauschenberg que era mais como a noite do que o dia, e que a luz podia ser artificial em vez de um luar, uma luz que se pudesse acender e apagar, para que mudanças abruptas fossem possíveis. Também disse a ele que podia fazer a iluminação aleatoriamente, o que ele de fato fez. A música de LaMonte Young era "2 Sounds", e penetrava de alguma forma na sua mente. Era alta e persistente. Todas essas referências a conflitos e bombas atômicas não eram a minha experiência, e eu não estava fazendo uma coisa artificial, então me perguntei: de onde vêm essas luzes na minha própria experiência? Pensei nisso durante muito tempo, e uma das coisas que pode ter sido é que nós saíamos em turnê com muita frequência num ônibus Volkswagen, dirigindo à noite, às duas da manhã, e vendo luzes de carros que vinham na nossa direção e iluminavam alguma coisa, uma pessoa, uma árvore, qualquer coisa, mudando constantemente. Não pensei nisso quando criei o espetáculo, mas faz parte da minha experiência. As experiências das outras pessoas não estavam erradas, mas é isso que quero dizer quando falo que não estou dizendo a elas como devem pensar. Senti intensamente todas as minhas obras. Todas saíram como são, só que em forma de movimento, já que me interesso basicamente por isso.

No mesmo sentido, gostaria de entender a origem do que me parece estar presente em todas as suas danças de um jeito que me toca profundamente: quero dizer aqueles "momentos" coreográficos em que, mesmo sem terem sido procurados, e sem qualquer emoção intencionalmente trabalhada, os instantes de beleza são ainda mais eloquentes. Por exemplo, em um sentido diferente de *Winterbranch*, penso em *Signals* e no momento em que uma das garotas estica os dois braços sobre os ombros do rapaz à sua frente, de costas para ela; ela está com uma perna ligeiramente erguida, está em *demi-relevé*. Ele coloca o braço para trás, encosta por acaso na coxa dela, sem olhar, e ela ergue a cabeça levemente. Momentos assim me parecem equivalentes aos momentos líricos em duetos, mas de um jeito moderno, "encontrado" em vez de "buscado".

Sim, concordo. Você vê um homem e uma mulher dançando juntos, ou simplesmente estando juntos, não precisa ser visto dessa maneira, mas você faz um gesto que de repente pode tornar aquilo íntimo, e você não precisa decidir que aquele é um gesto íntimo, você faz algo e aquilo se torna íntimo. Concordo bastante com você. Não acho que o que eu faço seja não expressivo, eu só não tento infligir isso a ninguém, de forma que cada pessoa possa pensar da maneira que seus sentimentos e sua experiência determinarem. Sempre tive a impressão de que o movimento em si é expressivo, independentemente de intenções de expressividade, para além da intenção.

Lembro de outro desses momentos tão bonitos em *Un jour ou deux*, o balé que você criou para a Ópera de Paris. À esquerda e à frente do palco há um solo, sem nada mais acontecendo, que eu caracterizaria de desespero silencioso, ao menos foi assim que vi aquilo. Acho que era Claude Ariel fazendo o solo, e Wilfriede Piollet entrava diagonalmente do fundo do palco, parava um instante e, à medida que Ariel continuava, caminhava lentamente, girando em torno dele, tocando um de seus ombros e deixando o palco pelo mesmo caminho. Esse momento me pareceu muito comovente. Foi de uma solidão perfeita, muito mais do que quando ele estava sozinho; alguém se aproximando dele sem que ele se desse conta, tocando-o de leve sem que ele sentisse, enquanto terminava de dançar. Estou tentando descobrir como esses momentos surgiram, não a partir de uma decisão de causar tal ou tal sentimento, mas como uma interseção de trajetórias distintas, por isso ainda mais comoventes.

Gestos são evocativos: são momentos que não têm a intenção de expressar algo, mas que ainda assim são expressivos. Há um momento numa dança muito recente que chamei de *Locale*, por exemplo, logo no começo da segunda parte, em que um dos homens salta em direção a uma garota que está no chão; outro homem ergue essa garota no ar, e outra moça que estava com o primeiro homem se aproxima e estica os braços e o corpo sobre ele. Parece ser, mais uma vez, de repente, não algo expressivo, mas algo quase íntimo, de certa forma. Mas eu só queria um homem saltando em direção a uma garota que fosse então erguida por outro homem, de modo que fosse um movimento contínuo. Então pensei: a outra está lá, preciso levá-la de volta até ele, então fiz com que ela se aproximasse e fizesse o gesto sobre ele, e pensei, e se ela se deitar em cima dele? Então tentei eu mesmo, fiz algo do tipo e disse a Catherine Kerr: “Vá tentar isso com

Joe [Lennon]." Ela foi e, inclinando-se sobre ele, virou a cabeça para que o lado do rosto tocasse o peito dele, e eu pensei "isso deu certo", mas não é como se eu tivesse tentado criar uma conexão íntima. Ela apenas aconteceu.

O que é maravilhoso é que você tem vinte coisas assim acontecendo ao mesmo tempo.

O momento de *Signals* que você mencionou provavelmente surgiu porque eu queria que ele ficasse de frente para ela, ficasse num ritmo lento, porque no instante seguinte eles iam começar a se mover juntos.

Signals é mesmo como um pequeno grupo viajante de jogadores que aparecem, posicionam suas cadeiras, se sentam e fazem seus papéis. Já o apresentamos em vários lugares. Cada um tem um tipo de papel, cada um faz a sua coisinha, então pegam suas cadeiras e saem. Na verdade, alguns se sentam e outros saem. Eu tinha uma ideia de cena que era só cadeiras sendo levadas. Podia ser num parque francês ou num teatro, então, enquanto trabalhava nisso, tentei pensar em algo que pudesse ser feito em circunstâncias muito simples. *Signals* também é um exemplo de uma obra que podia mudar. O momento do homem com uma vara: a princípio eu queria que fosse um quarteto, como é agora. Logo que criei o espetáculo, Mel Wong, que segurava a vara, devia passá-la para mim de tempos em tempos. Valda Setterfield era a garota, ela estava tão nervosa com a vara — "Se acertar você, você vai se machucar" — que fiquei de fora para facilitar. Então, finalmente, quando dei o papel de Mel Wong a Chris Komar, lembrei do meu plano original, de forma que agora são dois homens que passam a vara de um para o outro.

Esses jogos têm um aspecto quase maléfico: trata-se de uma brincadeira, mas esse jeito de dividir os parceiros, de separar, interferindo de maneiras inesperadas, não é tão inocente. Ao fim de *Signals*, você parece ter estruturado ritmicamente todo um movimento baseado na respiração forte de um dos homens.

Na verdade, o movimento rítmico veio primeiro. Os homens dão início ao movimento específico e aí as mulheres entram. Bem, a gente não conseguia resolver qual seria a deixa para que as mulheres soubessem quando entrar. Então eu disse que daria o sinal, e lembro de ter pensado e tentado várias coisas. E aí pensei: "Ah!, dizer isso com um som nasal." Bem, tomei isso como o sinal para aquela parte, e funciona, só que você tem que fazer o som na inspiração.

Em outro momento, você brinca com os jeitos variados com que seis dançarinos podem se separar de uma linha que formaram, em diversas direções, meios e ângulos, várias vezes e em ritmos diferentes.

Na verdade são quatro vezes, uma é uma linha plana e uma linha diagonal, depois uma linha plana e outra linha diagonal; então eles vão até ali e formam quadrados, e num ritmo mais lento, em seis em vez dos 16 e 12 mais velozes do começo. A princípio eu queria dar a cada uma das seis pessoas algo diferente para fazer; mas já que eu queria que elas trocassem de lugar quando formavam a linha novamente em outra direção, pedi que todos aprendessem todas as sequências. Foi bem complexo de organizar... Ainda assim, há aquelas unidades rítmicas quando fazem aquelas coisinhas rápidas com os pés. Daí eles ampliam o movimento e vão para a frente e para trás, o ritmo fica rápido e a contagem é diferente, você tem que ficar indo e voltando.

Como eles alcançam essa mudança constante de ritmo?

Treino. Fazendo. Não há outro jeito.

Mas é por isso que os bailarinos clássicos acham isso tão difícil, mudar de ritmo desse jeito. Como podem fazer isso com facilidade?

Acho que um bom dançarino pode fazê-lo quando aceita a situação e aprende a lidar com ela. Não é tão complicado.

AS DANÇAS II

. . .

Mesmo com toda essa preparação,
por mais complexa que ela seja,
se a coisa não vira dança,
não tem sentido algum.

[JACQUELINE LESSCHAEVE]

***RainForest*: A coreografia é linda e estranha, há algo de abafado nos movimentos, e Barbara Lloyd, que foi a primeira a executar a dança, estava particularmente linda.**

[MERCE CUNNINGHAM]

Sim, é uma dança de personagem, e já que ela foi feita especificamente para um corpo, seu sabor muda nitidamente quando outro dançarino assume o papel. Você sabe dos travesseiros: vi os travesseiros de Andy Warhol numa exposição e achei-os maravilhosos, então perguntei a ele sobre a possibilidade de usá-los no cenário, e ele concordou. São prateados e cheios de hélio: cada um dos que ficam ao fundo do palco está amarrado a uma linha de pesca com um peso no chão para que não desapareça na bambolina, e os que ficam soltos só estão cheios de hélio até a metade; às vezes sobem mesmo assim, mas podem se mover livremente sem necessariamente desaparecer. Queríamos que eles dessem ao máximo uma sensação de movimento; não precisam ficar parados. Na verdade, é como uma paisagem. Numa floresta tropical, há sempre algo acima da sua cabeça, a sensação de algo lá em cima de onde a chuva pinga. Também há florestas pluviais no noroeste dos Estados Unidos. Achei que os travesseiros dariam uma sensação de espaço, já que não estão fixos. Quanto ao figurino, Andy não tinha outra ideia a não ser a nudez. Isso não era possível devido aos movimentos vigorosos que eu havia coreografado. Então eu disse a Jasper: "Como se a pele estivesse rasgada"; e Jasper cortou pequenos buracos irregulares nos nossos collants cor de pele de corpo inteiro enquanto nós os vestíamos. Carolyn disse que queria que Jasper fizesse o dela para ter um Jasper Johns original...

O dueto bem lento do início, com você de pé e a garota aos seus pés, e outro homem chegando, é particularmente lindo.

A dança sugere uma pequena comunidade de seis pessoas, mas só se veem duas ou três ao mesmo tempo.

É uma dança bastante lenta, não é?

Há coisas rápidas, mas logo são abandonadas, e algo lento acaba saindo delas; há um dueto rápido, mas não dura muito tempo. Há sobretudo uma sensação de movimento lento, como o dos travesseiros.

Eu estava trabalhando em *Walkaround Time* durante aquele mesmo período e mudava o máximo possível de registro entre uma dança e outra... *Walkaround Time*, que tinha mais dançarinos, foi provavelmente uma das razões pelas quais *RainForest* teve menos.

Walkaround Time é a minha homenagem a Marcel Duchamp. Quando surgiu a ideia de usar *O grande vidro* como cenário, comecei a pensar em Marcel. Não ia fazer uma imitação, mas seria minha reação a ele; eu não achava que poderia fazer mais nada. Há muitas referências pessoais a Marcel na dança. Há uma parte em que estou no fundo e troco de roupa enquanto corro num lugar só, porque ele se interessava tanto por movimento e nudez. Então eu soube que os objetos no palco seriam transparentes, embora não tivesse ideia do tamanho que teriam, porque só os vi na véspera da apresentação; mas eu sabia que com certeza poderiam nos ver por trás deles, então fiquei com isso em mente.

Marcel Duchamp concordou que tivéssemos um cenário baseado em *O grande vidro* contanto que Jasper Johns fosse o responsável pelo trabalho. Ele chegou a ir ver como estava ficando enquanto Jasper criava o cenário, e a única coisa que pediu foi que tudo fosse reunido em algum momento da dança; eu disse que certamente, e fizemos isso no fim. A ideia do meio, do entreato, vem de *Relâche*,[8] onde há um entreato com um filme. Eu queria criar um espetáculo longo, então quis ter um entreato para, de certa forma, dividi-lo em dois. O entreato dura sete minutos.

8. *Relâche* [Descanso] é um balé de Francis Picabia, com música de Erik Satie. Picabia encomendou a René Clair um filme para ser exibido no intervalo dos dois atos da obra. O filme nonsense, intitulado *Entr'Acte* [Entreato], conta com atuações de Picabia, Satie, Duchamp, entre outros.

Eu teria dito apenas dois ou três minutos. Havia também uma música meio psicodélica tocando enquanto os dançarinos relaxavam no palco.

Bem, eles mudavam a música a cada vez. Certa vez houve até uma gravação de alguém cantando "Parlez-moi d'amour" em japonês.

O espetáculo todo dura 49 minutos, duas partes e o entreato. O cenário consiste nos sete objetos do *Grande vidro*. Eles limitavam muito o que se podia fazer com o espaço; faziam com que todo o tráfego tivesse de ser lateral, de uma asa à outra. Dois deles ficavam pendurados na bambolina. Três ficavam em posições fixas, e só eram movidos já perto do fim da dança. Os dois objetos restantes eram relativamente pequenos e fáceis de mover. Eram originalmente oito dançarinos, e isso não mudou. A música era de David Behrman. Há um filme do espetáculo feito por Charles Atlas.

Walkaround Time também foi criado com Carolyn Brown em mente, as imagens que ela produzia. O solo que ela dança de maneira tão luminosa era central para a primeira parte do trabalho. Havia um movimento que ela fazia que eu não tinha coreografado, mas, conhecendo Carolyn, percebi que ele tinha uma razão de ser, não era decorativo. Observei e entendi. Ela precisava daquilo para se sustentar entre um equilíbrio complicado e o seguinte. Era uma necessidade. Era lindo e expressivo.

Canfield, concebida em 1969, é uma dança que, em sua integralidade, pode durar uma hora e 15 minutos. É composta de 13 danças e de 14 outras que eu chamo de "*in-betweens*" [intermediárias]. O título vem do jogo de paciência. Enquanto o jogava num dia de verão durante as férias em Cadaquès, decidi que aquele procedimento podia ser usado numa coreografia. Os vários componentes de um baralho foram atribuídos a aspectos da dança. Para cada uma das 52 cartas escolhi uma palavra que implicasse movimento, por exemplo: a Dama de Espadas indicava salto; o Dez de Ouros indicava uma guinada; o Sete de Copas, um ressalto e assim por diante para as 52 cartas. Então usei a ideia de 13 cartas num naipe para determinar o número de danças no espetáculo. Ao vermelho e ao preto foram atribuídos o rápido e o devagar. Quando duas ou três cartas de figuras surgiam sucessivamente, faziam referência à possibilidade de duetos e trios.

Joguei paciência para determinar a continuidade dos movimentos em cada dança, 13 jogos ao todo. Cada vez que uma carta era colocada, ela abria novas possibilidades. Um jogo de cartas me parece um procedimento formal, com regras e a continuidade das jogadas rigorosamente fixas.

Mas entre cada jogo há um momento informal, relaxado. Então criei 14 "*in-betweens*": um para dar início à dança, os outros para sucederem cada jogo, e o último para encerrar o espetáculo. Esses são menos complexos, envolvem repetições, e em muitos deles os dançarinos têm liberdade para escolher aonde ir, com que frequência fazer tal coisa e a possibilidade de sair do palco.

O cenário de *Canfield* era de Robert Morris, uma barra vertical cinza e estreita onde as luzes estavam presas, que se movia horizontalmente de um lado a outro, atravessando a frente do palco, indo e voltando durante toda a dança. As luzes ficavam presas dentro da barra e se moviam com ela, varrendo o palco lentamente, iluminando o espaço e os dançarinos.

Isso não é muito perturbador para os dançarinos?

Se você olhar para a luz, pode ser, porque é muito forte, mas é só você desviar os olhos. A barra ia e voltava durante o espetáculo e, dependendo do tamanho do palco e da duração da dança, fazia isso mais ou menos vezes.

Era a única iluminação?

Não, havia uma iluminação geral do palco, mas à medida que a barra passava, as luzes dentro dela iluminavam quem ou o que estivesse na sua frente. A lateral da barra que o público via era cinza. Originalmente, o figurino e os panos eram cinza brilhante; eram cobertos com uma espécie de tinta que refletia a luz. Isso foi desaparecendo gradualmente porque a gente tinha de lavar as roupas.

Scramble foi criado originalmente para o palco, mas já o apresentamos em outros lugares. Funciona muito bem num ginásio. [risos]

É uma dança composta por 18 seções coreografadas separadamente, nem todas sendo necessariamente usadas em qualquer apresentação. A duração total é de mais ou menos 28 minutos, e, quando é apresentado, o espetáculo geralmente dura uns vinte minutos.

As seções têm nomes. Numa delas, que se chama "Fall/Leap" [Queda/Salto], um dançarino corre e cai, seguido de outro que salta por cima do primeiro, e os dançarinos vão repetindo isso sucessivamente até que todos na Companhia o tenham feito. Há um trio que chamamos de "Slow Trio" [Trio lento], com três mulheres, que dura quatro minutos, com sequências de movimentos lentas, arrastadas.

Originalmente, eram nove dançarinos no espetáculo. Então, para uma seção chamada "Separate Movements" [Movimentos distintos], criei nove sequências curtas diferentes, de ritmo lento, uma para cada dançarino. Os dançarinos repetiam seus movimentos individuais através do espaço, cada um como um animal distinto se arrastando ou se movendo devagar. Mais tarde, quando começamos a usar seções de *Scramble* em Eventos, cada dançarino aprendeu todos os nove movimentos e daí todos ficaram livres para passar de um a outro na ordem que escolhessem.

Scramble tem a ver com flexibilidade no tempo assim como no espaço. Digamos que estamos apresentando o espetáculo em Westbeth [estúdio de Cunningham em Nova York], e eu digo aos dançarinos: "Mova-se através do espaço até chegar ao espelho, então pare." Não importa se eles vão chegar lá juntos. As direções que tomam durante os movimentos é livre. Eles começam de um ponto e terminam em outro. Mas não precisam ir em linha reta.

Em outra seção de *Scramble* chamada "Fast Dance" [Dança veloz], há sequências rápidas que todos eles conhecem. Ela já foi apresentada de várias maneiras, às vezes com um dançarino, às vezes com dois ou três. Eles podem entrar e sair durante a seção, mas em geral ela é dançada por todos.

Com os “Separate Movements” não preciso me preocupar com o posicionamento dos dançarinos no espaço. Posso dizer: “Você começa aqui e acaba ali”; e eles cuidam do assunto sozinhos. Com “Fast Dance” preciso lhes dizer aonde ir no espaço, ou eles mesmos precisam tomar as decisões a respeito do espaço antes de dançar. Tudo precisa ser ensaiado claramente, senão pode haver uma colisão.

Em *Scramble* você pode mudar a ordem de “Separate Movements”, “Fast Dance” ou das outras?

Sim, a ordem é diferente cada vez que a dança é apresentada. Também mudamos as direções dentro de certas seções, se o espaço da dança for vasto o bastante, e se, como acontece às vezes, o público estiver em vários lados.

Isso é muito difícil para os dançarinos?

Não é tão complicado. É só que, ao longo de uma dança complexa, se você a aprendeu de frente para uma direção específica, e de repente pedem que você fique de frente para outra direção, todas as relações com pontos externos mudam. Precisamos pensar menos em pontos externos e mais sobre onde estamos, separadamente, cada um de nós, e daí conseguir mudar de direção a qualquer momento.

Há duas ideias sobre o espaço que eu acho úteis. A primeira é ser claro com relação a onde estou em qualquer momento da sequência, e a que ponto no espaço estou me dirigindo; a segunda é o que estou olhando ao me mover para o ponto seguinte. Isso vem do fato de que, em vez de olhar na direção para a qual estou indo, é possível olhar em qualquer outra. Você pode, por exemplo, ir para trás. Se você compara *Scramble* com *Torse*, de um ponto de vista formal ou estrutural, *Torse* não muda, fica igual. Podemos fazer só uma parte dela, mas a continuidade permanece a mesma. Segundo, a densidade de *Torse* muda muitíssimo porque você tem um grupo, às vezes dois, executando sequências de dança complexas. Em *Scramble*, dentro de uma única seção, a densidade não muda nada. Mesmo quando os dançarinos estão executando "Slow Movements" [Movimentos lentos], você começa a perceber bem rápido o que cada dançarino está fazendo e, depois de um tempo, pode começar a acompanhar cada um. Você começa a ver os movimentos. *Torse* é muito mais complexa nesse sentido. Você tem que prestar muita atenção a cada momento só para ver que movimentos estão sendo executados.

O cenário de *Scramble* é de Frank Stella; faixas de lona esticadas sobre estruturas de metal com rodinhas para que se pudesse movê-las no espaço. O problema é que eram tão grandes ou tão altas que com frequência a gente não conseguia usar a mais alta em certos teatros. Mas funcionam maravilhosamente num ginásio, porque aí o espaço é totalmente livre, e as estruturas são fáceis de mover. Elas invadem o espaço mas não o preenchem porque são bidimensionais. Eram seis, de diferentes comprimentos, alturas e cores; roxo, azul, verde, vermelho, amarelo e laranja. A mais alta, de quase cinco metros de altura, só tinha um metro e pouco de largura. Se o palco fosse pequeno, eu tinha de agrupá-las feito um pano de fundo, mas num ginásio elas podiam ser movidas livremente.

Quando Frank Stella criou essas estruturas, ele sabia sobre a sua ideia de interromper a continuidade?

Eu só pedi a ele que criasse uma coisa, e ele concordou. Ele viajou e um dia voltou com uma maquete, um desenho, e disse que achava que aquilo poderia se mover. Eu já estava trabalhando na dança, então não a mudei por conta disso, mas me pareceu interessante.

Como você encaixou isso nas seções que já tinha criado, quando você e os dançarinos tinham de mover as obras?

A questão era se deparar com uma situação sem decidir com antecedência o que fazer. Se o palco era pequeno demais, eu as movia muito pouco. Se era adequado, então eu pensava em como elas seriam movidas naquela apresentação específica, quais dançarinos as moveriam, e em que momento, se no fim das seções ou no meio delas. A música, que também é indeterminada, é de Toshi Ichiyanagi.

Fiz *Sounddance* em 1975, na volta de nove semanas na Ópera de Paris, onde criei *Un jour ou deux* para os dançarinos de lá. O trabalho fora tão difícil e desafiador que quando voltei aos meus próprios dançarinos foi como uma explosão, uma tremenda libertação. Estava com vontade de criar algo vigoroso, veloz, complexo. O título foi tirado de *Finnegans Wake*: "In the beggining was the sounddance" [No começo era a dança-som]. A sala de ensaio na Ópera de Paris era muito pequena. Eu queria fazer algo no mesmo tipo de espaço, algo compacto, onde se pudesse manter a energia constantemente elevada. É uma obra muito enérgica de se dançar, embora dure apenas 17 ou 18 minutos. As entradas e saídas acontecem por uma abertura como que de tenda no fundo, com uma decoração de lona. No fim, os dançarinos são puxados de volta lá para dentro, como se entrassem num túnel de vento.

O próprio movimento vem do fato de que os dançarinos clássicos eram muito rígidos, muito eretos em seus corpos. Eu queria muitos movimentos, inclinações de torso. Não se surpreenda se achar difícil encontrar palavras para esses movimentos. A situação é bem semelhante ao que era quando o vocabulário musical teve de se libertar do italiano. O vocabulário de balé vem de uma época em que o torso simplesmente não era usado. Por exemplo, quando Margaret Jenkins escreveu *Summerspace* em notação Laban, certas coisas na dança não foram escritas porque não existiam na notação...

Sounddance tem dez dançarinos. Infelizmente, as minhas anotações do espetáculo não são boas, mas há um vídeo.

A ideia estrutural é fazer com que os dez dançarinos entrem e saiam do centro e do fundo do palco de maneiras diferentes, um depois do outro. O trabalho com os pés e os movimentos de torso são complexos. A impressão geral é a de um espaço observado sob um microscópio.

A música é de David Tudor, sustentada e potente. É uma música eletrônica que produz um ambiente carregado. O figurino de Mark Lancaster é amarelo-claro e cinza, seu cenário ao fundo é semelhante a uma tenda e tem cor de areia.

Rebus é uma dança dramática que dura 31 minutos e na qual sou o protagonista, em oposição aos jovens dançarinos da minha Companhia, que atuam como um coro.

Por causa dessa diferença entre mim e os dançarinos da Companhia, não apenas em *Rebus*, mas também em *Quartet* e *Gallopade*, e até em *Inlets* e nos Eventos, sou obrigado a passar mais tempo nos ensaios assistindo ao trabalho deles e respondendo às suas perguntas do que treinando minhas próprias partes. Torna-se cada vez mais difícil para mim, à medida que envelheço, dançar com eles como um deles. Por uma questão de rotina, acontece uma separação.

Rebus foi feito logo antes de *Torse*. A música é de David Behrman. O figurino, de Mark Lancaster, é composto de meias-calças e collants de corpo inteiro estampados com respingos de cor. Eu uso uma camisa cinza e calças marrons com um collant de corpo inteiro vermelho vivo por baixo, e em dado momento da dança tiro a camisa e as calças, revelando o collant vermelho.

A estrutura é feita de um número de sequências longas com compassos bastante longos; alguns chegam até 17. Foi uma sugestão de Pat Richter, a pianista que costumava tocar na nossa aula todo dia, e que me observou experimentar essas longas sequências. Perguntei a ela qual seria o compasso na vez seguinte, e ela disse 17, de brincadeira. Então na vez seguinte foi esse.

É quase como uma raga.[9]

Sim, de certa forma. A dança surgiu do trabalho com essas longas sequências.

Squaregame foi terminado enquanto estávamos em turnê na Austrália. Eles haviam me pedido para criar uma dança nova. A ideia era definir o espaço, como sugere o título, uma espécie de arena,

9. A raga é uma estrutura melódica da música clássica indiana que utiliza padrões variáveis ascendentes e descendentes. [N.E.]

com quatro bolsas de lona cheias. As situações são muito lúdicas, no que parece ser uma quadra de atletismo onde há participantes que também podem parar para assistir. A dança começa com um quarteto, há também um trio, e mais uns dois quartetos. Trabalhei nela durante a turnê, coisa que nunca tinha feito antes. Nunca fiquei satisfeito com a situação, porque esse não é um jeito confortável de trabalhar, considerando tudo o mais que eu tinha de fazer, o cansaço geral e os rigores de estar em turnê. E a dança não estava terminada quando chegamos.

Lembro de um dueto adorável na frente, com você e um dos outros dançarinos.

Susana Hayman-Chaffey o executou primeiro. Ele também foi dançado por Karole Armitage e Catherine Kerr. Havia muitas mudanças entre a posição de pé e sentada.

A música é de Takehisa Kosugi. O cenário, de Mark Lancaster, é um chão branco cercado por faixas de um material verde semelhante a grama. A luz que brilha no chão branco é refletida na sala, de forma que o público fica visível a partir do palco.

Fractions começou como uma dança para vídeo, e não foi muito modificada ao ser passada para o palco. *Locale*, em compensação, foi bastante modificada na passagem de vídeo para palco. Quando estávamos fazendo o vídeo de *Fractions* em Westbeth, o espaço apresentava algumas limitações para a gravação. O estúdio não é equipado para televisão. Por outro lado, o espaço para a dança era melhor do que na maioria dos estúdios. Havia limitações desesperadoras. Tivemos que colocar pressão para conseguir resultados; mas às vezes essas mesmas limitações permitiam possibilidades inesperadas. A gravação foi feita com três câmeras e diversos monitores. Começa em preto e branco e gradualmente passa a ter cores. Uma das limitações foi que as câmeras não podiam estar focadas muito no alto ou atrapalhariam a iluminação, já que o teto não era tão alto quanto num estúdio de televisão.

Me disseram que a fita não tem qualidade para ser difundida, mas o uso da câmera é muito mais interessante do que a maioria das coisas que são vistas na televisão. Enquanto a câmera pode pular de um dançarino a outro, no palco você tem de encontrar maneiras de segmentar o movimento de um jeito diferente. E com uma câmera, os dançarinos podem seguir em frente para além da câmera, enquanto no palco as saídas têm de ocorrer pelos lados ou pelo fundo. Isso muda o movimento; muda o aspecto da dança, muda a expressão. O título faz referência ao jogo de um grupo de dançarinos contra outro. A dança se rompe, é fractal.

ENERGIA E POSIÇÕES, CLAREZA DAS DANÇAS

. . .

[JACQUELINE LESSCHAEVE]

A transição de uma posição a outra parece ser para você a quintessência da própria dança. É o impulso da dança que é esclarecido nas posições ou são as posições de dança que se dissolvem em movimento?

[MERCE CUNNINGHAM]

No balé, uns dois séculos atrás, as posições eram muito claras, e provavelmente vieram primeiro.

Eu me pergunto se as posições na linguagem antiga do balé clássico não vieram como um meio de dar uma certa fixidez a algo que avançava rápido demais.

Acho que no balé da corte as posições devem ter sido estabelecidas primeiro. Na dança popular ou rural, foi a dança. Quero dizer: eles têm passos a executar, mas é o ato de fazer isso, a dança, por mais simples ou elaborada que seja, que importa mais. Mas na dança da corte, originalmente, devem ter sido as posições.

Duas escolhas diferentes: ou você cria posições e passa de uma a outra, mesmo no que diz respeito à dança, como você diz, ou você dá ênfase à energia e ao movimento, e de alguma forma as posições pontuam isso.

Sim, é claro. O segredo é manter as duas coisas. Elas se opõem, mas é isso que as torna valiosas, é isso que vai manter a vivacidade. Se você der ênfase a atividade, passos, muito movimento, mas a clareza das posições não for muito boa, não vai ficar satisfatório. Mas se você mantiver essa energia dentro da coisa, clarificando mais as posições ao mesmo tempo, fica particularmente interessante. Em geral, o que acontece é que um ou outro começa a se perder. A questão básica da dança é a energia, e uma amplificação dela que vem através do ritmo, e se você perde isso, acaba na decoração.

Mas se você olhar para a energia da dança com uma lupa, pode vê-la como uma série de posições se desfazendo.

Sim, é claro.

É um movimento duplo, antagônico: por um lado há esse impulso de desfazer sua posição e por outro há mais um impulso de reconhecer algo, de fixá-lo numa posição, por mais fugaz que ela seja.

E a vida não é assim?

Mas se tivermos em mente o que você falou sobre a fluidez da dança, é sobretudo o fluxo que assume o controle.

Sim, você tem que saber como se deixar levar. Produzir o ritmo; canalizar a energia e sustentá-la; alcançar as posições. É como tentar constantemente se equilibrar, é o que pode haver de vigoroso nisso. Nenhuma dessas três coisas, sozinha, é suficiente. Em vez de pensar que isso basta, ou que isso é melhor, deve-se ver que as três são essenciais e devem ser consideradas tanto separadamente quanto ao mesmo tempo. Por exemplo, quando fazemos *Scramble* e mudamos a ordem das seções, o que acontece com as formas, com o ritmo, com a energia e as posições? É algo com que, enquanto dançarino, você tem de se preocupar o tempo todo.

É isso que os dançarinos às vezes acham tão difícil. Porque têm a sensação de que foram feitos para serem transportados por algo maior do que eles. E quando a coreografia fica complexa, o fluxo e a facilidade do movimento não podem acontecer.

No entanto, na dança clássica, nos movimentos líricos do balé clássico, quando você sabe perfeitamente como uma coisa flui suavemente de outra, pode ter sido o efeito do tempo que tornou isso claro; pode ser que, logo que aquilo foi concebido, como um duo ou um fragmento, tenha parecido extremamente difícil chegar de uma coisa a outra.

Em dado momento histórico há movimentos de dança, como braçadas de natação, que seguem a corrente e parecem fáceis, e há outros que parecem ir contra a corrente.

Quando as obras são novas, quando alguém cria algo que não é familiar, que vai além de um movimento não familiar — por exemplo, jeitos inusitados de passar de uma coisa a outra —, tanto o dançarino quanto o coreógrafo têm uma chance de descobrir algo. No instante em que aquilo se torna conhecido, perde sua vida. Então, se você é um artista, tem que tentar constantemente tornar a coisa difícil para si mesmo. Não quero dizer apenas tecnicamente. Tem a ver com uma estranheza, algo que já mencionei. Pode não ser a palavra certa para isso, mas é uma palavra que uso o tempo todo. Você tem que tornar o movimento estranho para si mesmo, como se não soubesse executá-lo, para que, quando retornar a ele, ele possa ter vida outra vez.

Quando a dança é nova (mesmo que seja num idioma familiar, um balé clássico), quando os dançarinos não a conhecem, ela com frequência tem uma espécie de vida estranha, como um potro. Quando começam a encontrar meios de executá-la, ela começa ligeiramente a perder sua novidade. Falamos de *La Bayadère*, e da famosa entrada das sombras. Se você vê isso executado de maneira pesada e sem graça, tem todo o direito de sentir-se frustrado. Por uma razão semelhante, acho que tenho de lutar para manter a qualidade específica e o vigor de cada dança para que o espectador obtenha realmente a experiência que pode ter.

Primeiro você deu *Changing Steps* ao Théâtre du Silence, uma companhia que tem um modo de vida e de trabalho completamente diferente do seu. O que acontece quanto eles decidem executar uma de suas obras?

Bem! Quando o Théâtre du Silence, na época Brigitte Lefebvre e Jacques Garnier, me pediram para criar algo para eles, eu poderia ter dito: "Não, não vou fazer isso porque vocês não vão executá-lo do jeito que o meu pessoal faria, ou do jeito que acho que deve ser feito." Prefiro dizer: "Bem, pode ser interessante. Não necessariamente para outras pessoas, mas pode ser interessante para mim." Portanto digo sim, em vez de não. Fui confrontado então com a situação de trabalhar com dez ou 12 dançarinos que eu não conhecia muito bem. Sabia que alguns tinham treinamento clássico, outros não. Vi-os por muito pouco tempo. Chris foi ensinar a eles os passos, coisa que fez incrivelmente bem. Ele é um professor muito bom, nesse sentido. Quando fui a Paris para vê-los executar a dança, pude ver que eles sabiam exatamente quais eram os passos. O espírito deles era diferente, a forma como se moviam, o formato de um braço. Mesmo que fizessem o que Chris dizia, sua noção de ritmo ou de como passar de um passo a outro, seu treinamento tinha sido diferente. Tentei falar com eles. É numa linguagem que não conheço muito bem, então executava o passo, e quando me levantava para demonstrar algo e erguia um braço, podia ver a consternação no rosto deles, e dizia imediatamente: "Se Chris fez com um braço diferente do meu, façam como Chris." [risos] Eu estava tentando fazer com que eles fizessem algo a respeito do espírito, digamos assim, e usava naturalmente o braço ou o pé errado.

Sei que eles não fariam a dança do mesmo jeito que a minha Companhia, não é possível para eles, não são o que somos, então aceito o que eles fazem; ao mesmo tempo é como uma ideia sobre energia e forma. Tento unir essas duas coisas o máximo que posso. Então penso... estou chutando, é claro, mas agora que eles já executaram a dança algumas vezes, se eu voltar lá e ensaiar... seria mais fácil porque eles começam a conhecê-la melhor, mesmo que fora da marca.

Uma jornalista que avaliou a performance deles reparou que havia uma coreografia ali, totalmente diferente das suas outras obras, o que é extraordinário.

Pois é, eles eram tão rígidos com a coisa, com toda a ideia de serem livres, era tão assustador.

Ainda assim, é muito bom ter tanto rigor com a ideia de ser tão livre. [risos]

Mas eles tinham! Hoje acho que poderia ter lhes transmitido um pouco mais. Sei que não vai ser como o que fazemos, mas não vejo nada de errado nisso. Quando eles fazem, é deles. Tentei ajudá-los de todas as maneiras possíveis. Várias partes da dança me interessavam porque eles as executavam de maneira bem diferente da dos meus dançarinos, ênfases diferentes surgiam, e no entanto eles não haviam mudado os passos. Eu pensava: isso é interessante, é algo que nunca vi nessa dança, e aí está. Eles não haviam acrescentado nada, simplesmente abordavam a dança de um jeito diferente. E não há problema nisso, não há nada de errado. Não espero que uma flor seja idêntica à outra.

Há um tipo de energia especial que aparece na sua dança. Isso pode ser visto claramente. Lembro de ter visto uma aula com você na frente, na Ópera de Paris, e todos aqueles dançarinos parisienses no fundo. E me lembro agora de você me dizendo que a dança é sobretudo a prática de várias horas por dia, mas quando olhamos para as pessoas que fazem várias horas de dança por dia, e para o tipo de energia que a sua dança desenvolve, queremos lhe perguntar de onde vem essa energia específica.

A minha energia é nutrida por movimento. Ou seja, pelo pensamento de que, mesmo quando uma pessoa está parada, ela na verdade está se movendo, de forma que a pessoa está sempre se movendo, ela não posa. Uso essa palavra especificamente porque é uma palavra que ouvia muito na Ópera, "*posé*", e ela me transmitia uma qualidade estática. Mesmo quando estamos parados, estamos nos movendo, não estamos esperando por algo, estamos em ação quando estamos parados.

Não conheço um jeito particular de fazer isso, mas acho que é possível desenvolver esse jeito. A pessoa o desenvolve ao trabalhar com isso em mente todo dia, mesmo na aula, mesmo na aula de técnica, de forma que mesmo que a pessoa se coloque numa posição, que deve ser clara, ela não fique ali, mas passe para outra coisa. Acho que isso se desenvolve de maneira simples: primeiramente, com a consciência da possibilidade de repouso, não enquanto repouso mas enquanto atividade na inatividade. Isto é uma espécie de *koan*: duas coisas acontecendo, de forma que você está por um lado pronto para entrar em ação e por outro já está em ação constante.

Uma das coisas que temos hoje é essa imensa tecnologia... A velocidade e o poder enormes que a tecnologia possibilita nos deram uma ideia da forma como podemos nos mover que é totalmente diferente, digamos, da do cavalo; porque com a tecnologia, com a capacidade de ir à Lua, por exemplo, você tem um movimento imenso acontecendo, que é preciso e ao mesmo tempo não é, há uma espécie de precisão imprecisa na coisa que é muito diferente da ideia de ritmo métrico, ou pulsação métrica, ou qualquer coisa assim, e isso é parte integrante de nossas vidas hoje em dia. Se gostamos disso ou não é outra história, mas simplesmente está aí. Não é que eu esteja tentando introduzir a tecnologia na dança, mas é um dos elementos que existem para nós hoje em dia, e por isso devemos, ou pelo menos acho que eu gostaria, de nos envolver com isso.

Para voltar a uma certa acumulação de energia, ela flui em permanência, você tem que pensar isso, você tem que fazer com que ela continue, mesmo quando está parado.

Como foi que você percebeu que iria se concentrar nisso?

Acho que há um processo de tempo, de trabalho. Quando você não trabalha com música ou com um ritmo para o impulsionar, você tem que impulsionar a si mesmo, de certa forma. Você tem que ser seu próprio cavalo em vez de ter algo externo como seu cavalo, tem que encontrar uma maneira de sustentar isso, dar continuidade. E ao mesmo tempo você tem que ser preciso consigo mesmo, porque você tem liberdade. Acho que talvez uma das coisas mais óbvias que condicionam nosso trabalho seja: não dançamos com música, ela não nos impulsiona. Temos que fazer isso nós mesmos.

Isso teria algo a ver com uma certa qualidade americana de movimento? Tenho a impressão de que uma espécie de biografia, um tipo de experiência, de vida nos Estados Unidos, pode se conectar fortemente com isso.

Acho que sou tão americano quanto qualquer um, mas no que diz respeito a isso, é possível que o clima americano conspire para produzir algo assim. Porque há artistas, músicos e dançarinos interessados nessas novas possibilidades. Surgem novas condições que talvez não tivessem surgido se a tradição fosse mais forte. Felizmente para nós — alguns podem pensar que infelizmente, embora para mim seja felizmente —, não estávamos, na época, nem acho que estejamos ainda, presos pela tradição, de modo que éramos livres, de certa forma, para agir de maneiras não convencionais. A gente não achava que tinha de se prender a certas coisas, por isso nos permitimos seguir caminhos que talvez não parecessem possíveis a outras pessoas. Tenho a sensação de que o que a dança mais precisava era abrir novas direções, explorar novas possibilidades, diferentes das soluções para problemas coreográficos trazidas pelo balé clássico, para além das fórmulas e dos estereótipos dessa tradição. Na vida, também, vemos que muitas coisas que achávamos que eram estáveis não o são nem um pouco, e não podemos funcionar mais dessa maneira. Isso também sempre me interessou na dança, e ainda me interessa: como se colocar numa situação desconhecida e encontrar uma solução, uma saída; não necessariamente a única solução, mas uma solução plausível. É claro que isso requer procedimentos não convencionais.

A época em que vivemos nos obriga a fazer todo tipo de reorganização. Deve ser como no século XVI, quando a América foi descoberta e a impressora também. No presente, os eletrônicos quase mudaram nossa maneira de pensar. Nossa vida cotidiana vai mudar mesmo que não estejamos cientes disso, e estou certo de que isso vai ter muitas consequências. Como é que as pessoas podem fazer tudo o que fazem com a maior naturalidade todos os dias e continuar indo ao teatro como no século XIX?

É muito provável que a qualidade da visão também esteja mudando. Os olhos captam frequentemente aquilo que reconhecem. Certa vez, estávamos nos apresentando numa escola na Nova Inglaterra. Houve uma pequena recepção na coxia depois. Uma menina veio, uma bailarina, e disse: "Seu trabalho é igualzinho a balé." Havia um homem chinês de pé ao lado dela, que ensinava na universidade ou fazia parte dela, e ele disse: "Ah, não, a mim pareceu muito chinês." Era um homem simpático, e não foi uma afirmação boba. Pensei depois: "É claro, ela vê o que acha que é balé; enquanto ele vê outros aspectos e não vê nada que se pareça com balé." Percebi com isso que os olhos tentam reconhecer algo que já entendem. É como uma proteção. Todo mundo faz isso. Qualquer um demora muito tempo para ver realmente algo novo. Penso na experiência de olhar os quadros de Jasper Johns, sua complexidade. Embora eu os conheça (acho que conheço), cada vez que os vejo de novo percebo algo que não via antes, e sei que estava lá, mas eu simplesmente não tinha visto. Acho que acontece o mesmo com as danças. Seria diferente com a pintura, porque um quadro pode ficar em exibição em determinada cidade durante um ou dois meses. Você pode ir uma vez e nunca mais voltar, mas, por outro lado, pode vê-lo diversas vezes, e gradualmente começar a reconhecê-lo como um quadro com o qual você está se familiarizando. É mais complicado com danças porque, para começo de conversa, as pessoas não as veem com muita frequência; as danças passam ali na frente e depois vão embora, você não as vê de novo. Se tiver a sorte de ver uma dança pela segunda vez, você a vê de maneira diferente, porque as danças mudam.

Ao longo dos anos as pessoas me disseram várias vezes: "Por que, no programa, você não coloca primeiro as danças mais fáceis para o público, antes de fazer as mais complexas?" A ideia de educação não me interessa; não penso dessa forma. Além disso, o que eles acham que são as obras mais fáceis, as que lhes são mais familiares, na época em que foram criadas eram vistas de maneira diferente. Por exemplo, *Summerspace* é totalmente transparente hoje em dia. Mas logo que foi apresentada, no Curso de Verão em Connecticut, ninguém viu a dança, ninguém ouviu a música. Elas simplesmente passaram. Lá estava a dança acontecendo, em meio a todas aquelas danças modernas, sua vez chegou e nós a apresentamos. Ninguém viu.

De quantos anos você acha que uma dança precisa para se tornar clara?

Algumas danças se tornam claras na mesma hora, podem ser vistas facilmente. *Summerspace* sempre me pareceu transparente. Era complexa para o espectador na época em que a criei; hoje em dia é simples de ver. Não apenas porque já foi apresentada, embora isso faça parte da coisa; mas também porque a vida muda, e as pessoas passam a ver as coisas de maneira diferente.

Quando dancei *Summerspace* com Carolyn Brown, logo no início, era uma dança tecnicamente difícil, mas começamos a aprender como fazê-la. Saíamos em turnês, a apresentávamos em faculdades, fomos para a Europa com ela. Atravessamos o mundo com ela. Mas raramente a apresentamos em Nova York, umas três vezes, talvez. Isso é verdade para muitas das minhas criações. A situação agora vem mudando, é claro, nos apresentamos com mais frequência em Nova York e viajamos muito mais do que no passado, mas todas aquelas danças originais raramente eram vistas em Nova York. A imprensa de lá não prestava a menor atenção ao que eu fazia, durante anos. A gente se apresentava como podia pelos Estados Unidos. Dirigíamos por aí numa van Volkswagen e apresentávamos nosso trabalho em circunstâncias difíceis, a maior parte das vezes em palcos muito ruins, às vezes em palcos bons, para um público que com frequência simplesmente não sabia o que estava vendo. Felizmente, sempre havia algumas pessoas na plateia para quem a coisa tinha vida. Elas vinham com frequência até a coxia para falar conosco. Eram jovens, muitas vezes. Certa vez fizemos um programa numa escolinha em algum lugar e no dia seguinte dei uma palestra-demonstração. Falei e respondi a perguntas. Um jovem fez muitas perguntas, como se estivesse irritado com tudo: "Por que você faz isso? Por que faz aquilo?" Tentei responder, e finalmente ele deu um suspiro e disse: "Bem, fico muito feliz que eles tenham trazido você. Geralmente nós somos apenas entretidos."

Uma das razões pelas quais as danças são particularmente difíceis de se ver é que elas não são construídas de maneira linear. Uma coisa não leva a outra. Quando eu era estudante de composição de dança, me ensinaram que era preciso levar a alguma coisa, a algum clímax. Isso não me interessava muito. Gosto bastante da ideia de que as coisas permaneçam separadas, sem que uma leve a outra. A continuidade é sempre imprevisível, não é como se você estivesse sendo guiado por um caminho. Isso provavelmente torna a dança mais difícil de ser vista pelo espectador, mas é isso que quero dizer com continuidade de televisão. Todos esses jovens cresceram com a televisão, são sua própria continuidade. Passam de uma coisa a outra, e suspeito que consigam olhar nosso trabalho de um jeito mais fácil, simplesmente porque seus olhos cresceram de maneira diferente. Não se trata de educação; é apenas experiência, sua experiência enquanto crianças, não só com a televisão, mas com a vida. Tudo acontece tão rápido que você tem mesmo que pular de uma coisa para outra.

PAISAGENS:
A DANÇA DO SÉCULO XX

. . .

[JACQUELINE LESSCHAEVE]

Houve regularmente, na história, tentativas de unir todas as artes, de celebrar o conjunto, uma espécie de totalidade. Na sua abordagem, você faz uso de cada arte, pintura, dança, música, mas há uma diferença, e ela é um tanto fundamental. Poderia explicitá-la?

[MERCE CUNNINGHAM]

Na maioria das danças convencionais existe uma ideia central à qual todo o resto adere. A dança foi feita para uma música, a música apoia a dança e o cenário enquadra o todo. A ideia central é enfatizada por cada uma das diversas artes. O que fizemos com o nosso trabalho foi unir três elementos distintos no tempo e no espaço — a música, a dança e o cenário — permitindo que cada um permaneça independente. As três artes não vêm de uma ideia única que a dança demonstra, a música apoia e o cenário ilustra, são, ao contrário, três elementos separados, cada um deles central a si mesmo.

Você descreveu muito bem a situação que encontrou ao chegar a Nova York. Teve de lidar com a situação cultural na qual trabalhava. Na dança, era uma espécie de acumulação do passado, resquícios de coisas que em seu próprio tempo devem ter sido novas e vigorosas descobertas, e novas abordagens paralelas à sua. Esses resíduos do passado têm de ser constantemente assimilados pelos recém-chegados ao campo, tanto hoje em dia como na época. A atual situação da dança em Nova York como em Paris é ao mesmo tempo vivaz e confusa. Posso formular algumas hipóteses brutas e superficiais sobre o campo histórico no qual o seu trabalho se desenvolveu? Sem voltar muito no passado, ele pode ser visto como uma contínua sucessão de ondas. Aliás, a "balémania" dos últimos anos lembra fenômenos semelhantes do passado. Penso no entusiasmo das plateias de Nova York por Barishnikov, muito semelhante ao de plateias parisienses e europeias por Nureyev 15 ou vinte anos atrás. O balé clássico que se desenvolve hoje nos Estados Unidos foi primeiro da França para a Rússia e depois voltou espetacularmente para a Europa na época de Diaghilev. Duas

guerras mundiais e uma revolução levaram isso aos Estados Unidos. O período nova-iorquino dos Ballets Russes de Monte Carlo e a carreira de Balanchine nos Estados Unidos são consequências diretas disso. Balanchine tornou essa tradição do balé mais americana, afiou-a, purificou-a, tirou a poeira dela (não o bastante, na minha opinião), lhe deu velocidade, uma disciplina nervosa e um encanto todo americano ao estilo. Vale a pena reparar que os momentos férteis e brilhantes da história do balé estão associados com migrações, elementos estrangeiros e influências assimiladas onde estes surgem.

Sim, é como sangue novo e estrangeiro.

Quando a onda do balé russo veio para a Europa, pintores e poetas foram muito seduzidos por ela. Durante o florescimento e a explosão da dança clássica no período anterior e posterior à virada do século, uma série de dançarinos veio da América para a Europa e a Rússia, dançarinos solitários, sobretudo mulheres, como Loïe Fuller e Isadora Duncan, fazendo solos, colocando-se no palco, sem qualquer consideração pelo vocabulário tradicional da dança clássica, que para elas já era como uma língua morta.

Há um lindo livro chamado *Les Démoniaques dans l'Art* [Os demoníacos na arte][10] no qual Charcot reuniu exemplos nas pinturas do passado daquilo que não é tão distante do impulso de dançar: o gasto de uma energia específica que se encontra na dança popular, folclórica. Às vezes, esse tipo de dança quase adquire um estilo, mas permanece sobretudo local, sem consequências além de ser um grande prazer para aqueles que a fazem e um objeto de estudo para os amadores.

A linguagem da dança clássica, os balés clássicos têm um grande efeito nas plateias, e isso é compreensível. É um museu vivo. Quando é bem-feito o bastante pode ser muito bonito, e é importante poder ver tudo isso. O Teatro Bolshoi esteve na Maison de la Culture, em

10. Charcot, I.M. e Richer, P. *Les Démoniaques dans l'Art*. Paris: Macula et Richer, 1887.

Rennes, há alguns meses, e me disseram que as pessoas passaram a noite em claro fazendo fila para comprar ingressos. Isso é emocionante, encorajador, mas um pouco deprimente, já que o que eles fazem agora está tão gasto, requentado, banal.

Em outros lugares, nos Estados Unidos, Graham foi apresentada como moderna, coisa que nunca achei que fosse. O que ela faz me parece uma mistura de estilo clássico e neoclássico com muito poucos elementos modernos; me parece sobretudo influenciada pelo expressionismo alemão, Mary Wigman em particular. As ideias subjacentes são bastante empobrecidas e nem um pouco novas.

Quando vim a Nova York para integrar a Graham Company, nunca tinha visto nenhuma apresentação deles, então a minha primeira impressão da dança foi formada pelas aulas que Martha dava e das quais a Companhia participava.

A visão de Graham se movendo com força e clareza nas suas demonstrações de um exercício e a força com a qual seus dançarinos executavam os movimentos eram impressionantes. Suas ideias a respeito do que a dança poderia ser certamente não eram as ideias do balé do século XIX, e os movimentos que fazia na época não eram diretamente ligados ao balé clássico. O peso com que ela mesma se movia — uma clareza impressionante nas quedas que inventava — era fascinante de assistir. Isso me deixou com uma noção intensa do poder do movimento humano.

Seu vocabulário de dança era único, embora eu concorde com você que as formas que ela usava eram bem século XIX, ou seja, cada trabalho evoluía até um clímax a partir do qual se esvaía. Além disso, o tema de cada dança era algo que podia ser expressado em palavras, como era feito de fato nos programas.

Os dançarinos modernos se autodenominam assim em oposição a alguns traços específicos do balé clássico, mas seus trabalhos têm um conteúdo que não é convincentemente moderno. As formas, o espaço e a temporalidade não mudaram.

Isso é porque eles não estão pensando em movimento. Para mim, o tema da dança é a própria dança. Ela não tem a intenção de representar outra coisa, seja ela psicológica, literária ou estética. Tem muito mais a ver com a experiência cotidiana, a vida de todos os dias, com assistir pessoas que se movem pelas ruas.

Que tal uma palavrinha sobre a curiosa relação entre Balanchine e [Jerome] Robbins? A linha russa e a cor americana. Essa mistura dos dois no tão oficial New York City Ballet é engraçada: a mistura da herança russa com um dinamismo americano relaxado. É extremamente popular, mas devo dizer que a coreografia de Robbins é, embora muito bonita, um tanto convencional.

Balanchine era ligado principal e musicalmente a Stravinsky. E falava sobre suas conexões com Petipa.[11] Seu argumento sempre foi de que a música é a base sobre a qual a dança ocorre. E sua linguagem sempre foi a linguagem clássica tal qual ele a via, a modulava, a transformava e acelerava. Robbins, cujo trabalho inicial foi na comédia musical, nunca me convenceu com seu uso das formas clássicas. Ele não parece muito à vontade com elas. Em compensação, seu trabalho com musicais era sempre excelente. A energia e a imaginação eram tão livres quanto claras.

Se sua coreografia é entendida de maneira apressada e superficial, e se diversos músicos e pintores se unem então em torno de alguns dançarinos, isso pode dar a impressão de que se trata de dança moderna, embora na verdade não seja necessariamente nada do gênero. Isso é, sem dúvida, inevitável. Qual é a sua impressão a respeito do futuro da escolha que você fez de independência mútua

11. Marius Petipa foi um bailarino e coreógrafo nascido na França, criador da maior parte dos balés de repertório preservados até hoje, como *A Bela Adormecida*, *O lago dos cisnes*, entre outros. [N.E.]

entre a música e a dança? Você acha que esse é um dos critérios de desenvolvimento na coreografia? Jovens coreógrafos, que hoje estão trabalhando, têm de fazer uma escolha com relação a isso ou podem evitá-la?

Acredito que hoje em dia é essencial ver todos os elementos do teatro tanto de maneira separada quanto de maneira interdependente. A ideia de um foco único ao qual tudo adere já não é mais relevante. Com as pinturas de Jackson Pollock os olhos podem ir a qualquer parte da tela. Nenhum ponto é mais importante que outro. Nenhum ponto leva necessariamente a outro. Na música, o surgimento da eletrônica trouxe uma grande mudança. As possibilidades de sons a serem usados na composição, assim como os métodos de composição, foram radicalmente ampliadas. O tempo não precisava ser medido em métrica, podia ser medido em minutos e segundos, e no caso da fita magnética, em centímetros de espaço. O denominador comum entre música e dança é o tempo. Isso traz uma nova situação para os dançarinos. Se vão se envolver, enquanto dançarinos, com uma música medida não em batidas mas em tempo real, como devem trabalhar com isso? Muitos escolhem ignorá-lo. Eu tenho tendência a vê-lo como um próximo passo necessário. Vários compositores contemporâneos estavam trabalhando dessa maneira não métrica, usando tanto sons eletrônicos quanto convencionais. Meu trabalho com John me havia convencido de que era possível e até necessário para a dança se sustentar com suas próprias pernas e não com a música; e também de que as duas artes podiam existir juntas usando a mesma duração de tempo, cada uma à sua maneira, uma para os olhos e o sentido cinestésico e a outra para os ouvidos.

Me parece que a batalha sobre essa questão não terminou, está apenas começando, porque, primeiro, muitos dançarinos não estão prontos para abrir mão da euforia, da satisfação que vem da sensação de se dançar ao som de uma música.

Como eu disse, muitos coreógrafos escolhem ignorar essa questão, talvez porque querem o apoio que sentem com a música. Ultimamente, muitos coreógrafos têm usado músicas repetitivas, sobretudo no trabalho de Philip Glass, Steve Reich e Terry Riley. Nas danças de Lucinda Childs, a repetição de movimentos em sequências ligeiramente modificadas provoca um efeito hipnótico e com frequência muito bonito. Ela lida com movimento, não com o movimento representando outra coisa, e isso é contemporâneo. Seu tema é a dança. O fato de as duas, a dança e a música, fazerem a mesma coisa, uma repetindo a outra, faz referência ao século XIX muito mais do que ao XX. Acho mais vigoroso ter duas coisas acontecendo ao mesmo tempo, de forma que os olhos e ouvidos do espectador não fiquem fixos e sim livres, para que cada observador crie sua própria experiência.

Alguns dos jovens dançarinos e coreógrafos abriram os olhos para o que você fez e tentam dar continuidade a alguns fios; mas o tecido do seu trabalho é bastante complexo. E se um jovem coreógrafo olha em torno, ele vê seu trabalho, o de Balanchine, o de Robbins, o de Graham, e o repertório clássico do balé. É com tudo isso que ele pode trabalhar.

Bem, há uma multiplicidade de caminhos a se seguir. Mas eu via essas ideias que surgiam como perguntas a serem feitas, a serem trabalhadas, ou seja, na natureza de uma aventura por caminhos desconhecidos. Então tentei experimentá-las, andar a cavalo junto do abismo.

O perigo é tornar-se contemporâneo só em aparência, e nesse caso o resultado será superficial e oco. Mas isso enche salas de teatro. Muitas companhias jovens deveriam estar fazendo trabalho novo, mas não estão. Em vez de trabalhar lentamente com certas ideias e deixá-las crescer, utilizam novas ideias o mais rápido que podem, sem pesá-las ou desenvolvê-las melhor. Você põe seu trabalho em prática fazendo-o, e hoje vejo as ideias sendo usadas mas não feitas, se entende o que quero dizer.

Mesmo que você pegue algo de outra pessoa, você mesmo tem que fazê-lo. Só você pode dobrar seus próprios joelhos. Outra pessoa pode medir o comprimento do seu braço, mas você tem que descobrir quão comprido ele fica ao se estender a partir das costas. Uma das aventuras com as quais me deparei ao trabalhar com ideias de ritmos não métricos, libertando os movimentos no tempo, foi como resolver tecnicamente o problema da passagem abrupta de uma velocidade a outra, como fazer um movimento veloz seguido imediatamente de algo lento. Os dançarinos estavam acostumados a danças com um único andamento, um movimento rápido, seguido talvez por um legato, depois algo num ritmo médio. Isso já não parecia ser a única possibilidade. Podia-se mudar o ritmo de forma mais abrupta. Então torna-se um problema técnico. Que tipo de exercícios a desenvolver poderiam ser úteis para essa situação? Parto do princípio de que existem muitas outras possibilidades e tento ficar alerta.

O que está acontecendo de novo entre os jovens coreógrafos?

Gosto das obras de Elizabeth Streb. Ela trabalha dentro de limites físicos especialmente construídos, com um elemento de risco como fator importante. Uma dança é executada sobre uma plataforma de madeira de mais ou menos um metro quadrado construída sobre uma rampa, com o topo da plataforma a dois metros e meio do chão e a base encostada no chão. Ela descobre e investiga as possibilidades de movimento dentro dessas limitações de um jeito continuamente imaginativo e vigoroso.

Kenneth King. Ele usa imagens em vídeo e a linguagem em conjunção com suas danças. Ele explora o imaginário dos vídeos e das palavras de um jeito que não está relacionado com o movimento, acrescentando camadas distintas à experiência global. E Douglas Dunn. Acho seu trabalho bem vivo. Sua própria maneira de dançar tem algo de elusivo. Os movimentos transicionais adquirem uma característica deslizante que dá vida ao ritmo, volta e meia o acelera, e em outros momentos permite que ele se arraste. Isso dá um ar de desequilíbrio às danças.

A multiplicidade de direções tem um papel importante quando se trata de dar à arte seu estado dinâmico atual. Sempre achei que se devia atacar ou questionar tudo. E minha impressão ainda é a mesma, de que há muitas ideias a serem exploradas, muitas possibilidades. Ao mesmo tempo, com a dança estamos presos no fato de que é o corpo humano que está executando a ação. Há duas pernas; os braços se movem de jeitos determinados; os joelhos só se dobram para a frente. Isso permanece um limite.

WESTBETH

. . .

[JACQUELINE LESSCHAEVE]

Acho os dançarinos bastante espartanos por natureza, e ao mesmo tempo profundamente luxuosos. Os lugares onde têm de trabalhar raramente são adequados para as suas necessidades. Exceto pelos últimos dez anos, mais ou menos, em Westbeth — espaçoso, luminoso, silencioso —, tenho a sensação de que, a não ser pelos curtos períodos de residência em universidades, com muita frequência você não teve o tipo de espaço necessário. Depois da temporada de 1953 no Théâtre de Lys, como as coisas evoluíram desse ponto de vista?

[MERCE CUNNINGHAM]

Depois da temporada no Théâtre de Lys, aluguei um novo estúdio, pequeno mas conveniente, na Sheridan Square, que fui capaz de manter sem grandes dificuldades até 1955 graças a uma bolsa Guggenheim. Acho que não tivemos nenhuma proposta de residência no verão durante essa época, mas trabalhamos em *Springweather and People*, *Minutiae*, e criei mais um solo: *Lavish Escapade*.

Em 1955, quando partimos para uma turnê de cinco semanas, abri mão do estúdio sem saber o que encontraria na volta. Saímos em turnê de ônibus e com carros emprestados, dormindo na casa de amigos. Fomos até a Costa Oeste.

Quando voltei, aluguei um estúdio por hora na Sexta Avenida, um espaço lindo mas malcuidado; e dava aula três vezes por semana no norte da cidade, num teatro e estúdio de dança. Encontrávamos o lugar cheio de lixo, restos de sanduíches, guimbas de cigarro, copos de papel que tínhamos que varrer antes de começar. Uma vez por semana, toda sexta-feira, eu pegava um avião para Boston e voltava no último voo depois de dar duas aulas lá. Conseguimos apresentar algumas danças. Certa vez, dirigimos até Notre Dame, em Indiana, para apresentar *Suite for Five* pela primeira vez. Não havia quase ninguém na plateia durante a apresentação. Todos os estudantes tinham ido a uma festa de formatura que fora marcada para a mesma noite. O público consistia em algumas freiras e padres e um crítico de jornal.

Quando perguntamos a um dos padres o que achara da música, ele disse: "Que música? Não ouvi música nenhuma."

Quando John ganhou um concurso de TV sobre cogumelos na televisão italiana,[12] usou parte dos recursos para comprar uma van Volkswagen, que levou nove de nós: ele, David Tudor, Bob Rauschenberg e seis dançarinos, incluindo eu. Dirigimos muito em lugares difíceis, mas no geral nos divertimos bastante e conhecemos várias pessoas, algumas das quais rapidamente se tornaram nossas amigas e continuaram sendo desde então. Comemos muito ao ar livre. John fazia as compras e a gente cozinhava em parques em vez de comer em restaurantes, já que eles eram, como hoje, caros demais para o nosso orçamento, e não tão bons. Lembro que certa vez nós comemos no trem, isso não parecera uma ideia muito boa... Mas a comida era gostosa. Durante o verão de 1958, uma escola de dança em New London, Connecticut, nos convidou a passar seis semanas lá, eu para dar uma aula diária sobre técnica e a Companhia para participar de um festival no fim do verão, o American Dance Festival. Foi a primeira vez desde Black Mountain em que tive os dançarinos comigo durante seis semanas, sendo entretidos, e embora eu não concordasse nem um pouco com a estética da escola, que era no estilo expressionista intricado do mundo de Humphrey, Limon e Graham, o verão foi mesmo assim agradável, cortês... Quando apresentamos as duas danças nas quais tínhamos trabalhado — *Antic Meet* e *Summerspace* —, a primeira, porque era engraçada, foi bem recebida, e *Summerspace* não causou impressão nenhuma. Acho que o público não viu nem ouviu nada.

No outono de 1958, Carolyn Brown, David Tudor, John Cage e eu estávamos em Estocolmo, onde Bengt Häger tomou providências para que apresentássemos um programa na Ópera. Ele sugeriu que a noite correria melhor se houvesse uma dança com música de um

12. John Cage colecionava cogumelos, e chegou a ganhar 5 milhões de liras em um concurso, em 1959, no programa de perguntas intitulado "Lassia o Radoppia" [O dobro ou nada], na TV italiana RAI. [N.E.]

compositor sueco, então coreografei um dueto, *Night Wandering*, em dois dias, ao som de diversas peças para piano de Bo Nilsson, que apresentamos junto com outros solos e duetos, e músicas diferentes de John, tocadas por ele e David Tudor.

Naquele mesmo ano, graças ao apoio de Margaret Erlanger, que era a diretora do departamento de dança da Universidade de Illinois, fiz uma residência de ensino lá por dois meses e consegui levar minha companhia por um período de três semanas. Então eu ia e voltava de Nova York a Illinois, dando aulas nos dois lugares. Ao fim do semestre, voltei a Urbana com a Companhia, trabalhamos durante três semanas e então apresentamos duas danças novas. Três dias antes da apresentação, tivemos um ensaio no teatro. O palco era instável, uma cobertura de lona sobre madeira. Uma vez, pousei depois de um salto dentro de um buraco no chão debaixo da lona e distendi um ligamento do pé. Continuei dançando, mas naquela noite meu pé tinha inchado e estava muito maior do que seu tamanho normal... Passei os dias seguintes numa banheira de hidromassagem no departamento de atletismo. Pude participar na noite da apresentação.

Entre 1959 e 1965, tivemos um estúdio na cobertura de um prédio na esquina da Sexta Avenida com a rua 14 que o Living Theater havia ocupado, onde tinham o segundo e o terceiro andar. Eles haviam inaugurado o teatro um ano antes e guardado um espaço para mim durante um ano inteiro. Dividíamos o andar com uma área de depósito para os cenários. Era de longe o melhor espaço em que já havíamos trabalhado, grande, muito barulhento porque estávamos na avenida; a gente morria de frio no inverno e era quente no verão. Mas finalmente tínhamos algo como um lar: não era emprestado ou alugado por hora, era nosso estúdio. Eu também gostava muito de estar no mesmo prédio que o teatro. Depois das aulas, costumava ir assistir nos fundos da sala quando apresentavam *The Brig* [A prisão], *The Connection* [A ligação] ou *Na selva das cidades*. Apesar de todas as suas dificuldades — o lugar maltratado, seu envolvimento com a política, seus confrontos não violentos com o governo, a perseguição por parte dos credores —, ainda eram um grupo teatral vivo e maravilhoso.

No verão seguinte, 1959, voltamos a Connecticut e criei *Rune* para o mesmo festival. Bob Rauschenberg cuidou da iluminação, e o pessoal responsável pelo Festival, que não sabia quem ele era, ficou irritado comigo por levar aquele sujeito que não parecia saber nada sobre luzes. Ele sempre fazia perguntas sobre como as coisas funcionavam. Em vez de responder às perguntas técnicas de Bob, eles queriam lhe dizer como fazer a iluminação. Então falei: "Por que vocês não dizem simplesmente o que ele quer saber?" Isso não melhorou minha relação com os organizadores do evento.

Mais ou menos nessa época, o prédio onde eu morava na rua 17 ia ser demolido. Após uma longa briga, os inquilinos conseguiram encontrar outros lugares para morar, e por muitos anos depois disso fiquei num apartamento na rua Mulberry, num setor chamado Little Italy, que infelizmente ficava bem longe do estúdio. Estávamos fazendo mais turnês naquela época.

Ocasionalmente, durante esses anos, John Cage, Bob Rauschenberg, Jasper Johns e eu jantávamos juntos num bar na University Place, não o famoso Cedar Bar que Willem de Kooning, Franz Kline e os expressionistas abstratos frequentavam. Bebíamos cerveja e jogávamos pinball. Naquela época eu estava muito interessado nas técnicas orientais, as japonesas e as do leste da Índia. Eu teria gostado sobretudo de experimentar as técnicas dervixes. Mas aprender profundamente uma única técnica já é difícil para o corpo. A pessoa fica tão envolvida com os detalhes de uma técnica que é muito difícil deixá-la para fazer outras coisas, embora eu esteja certo de que é isso que deve ser feito.

Também estava interessado na ideia de indeterminação, de dar certa liberdade aos dançarinos, não no que dizia respeito aos movimentos em si, mas ao ritmo, à direção e à escolha de fazer ou não certos movimentos. Infelizmente, sobretudo em turnê, quando estávamos física e mentalmente cansados, era muito difícil fazer escolhas ali, na hora: embora eu ache que a indeterminação seja uma boa ideia, ela não se mostrou nada prática nas circunstâncias das turnês. Carolyn Brown e Viola Farber ainda estavam comigo, duas dançarinas com características muito diferentes, mas ambas maravilhosas, com talentos extraordinários e marcantes. Pouco a pouco, a Companhia foi crescendo. Quase todos os dançarinos vinham das minhas aulas, muito raramente vinham de fora.

Foi em 1964 que fizemos aquela longa turnê pelo mundo. Ainda estávamos no estúdio da rua 14, mas sozinhos num prédio frio e abandonado, porque o Living Theater fora expulso de lá pelo governo federal por não ter pagado impostos. Partimos em junho daquele ano e voltamos em dezembro, exaustos depois de viajar pela Europa ocidental e oriental, Índia, Tailândia e Japão. Foi uma aventura extraordinária. Quando estávamos em Veneza, Bob Rauschenberg recebeu o prêmio da Bienal. Até aquela turnê, tínhamos recebido pouquíssima atenção da imprensa. Pela primeira vez, ela escreveu sobre o que estávamos fazendo.[13] E, quando voltamos, sentimos a diferença aqui em Nova York. Parte daquela atenção mundial havia se infiltrado nos Estados Unidos. As pessoas começaram a prestar atenção. Uma das primeiras coisas que fizemos depois disso foi montar um espetáculo chamado *Variations V* para um Festival Franco-Americano realizado no que é hoje o Avery Fisher Hall (na época era o Philharmonic Hall). A partitura era de John Cage. Era uma mistura elaborada de várias coisas, mais tarde chamada de "mixed media" [mídias variadas], que combinava dança, televisão, filme e música. Stan VanDerBeek, Nam June Paik, Robert Moog, Billy Klüver, David Tudor, Max Mathews e John Cage estavam envolvidos. A ideia principal era ter os dançarinos se movendo ao longo de antenas montadas em postes dispostos sobre uma grade que ocupava o palco inteiro, acionando assim a música que os músicos mantinham em operação contínua, ao mesmo tempo que filmes eram projetados. Durante o ensaio geral, quando eu devia sair de cena segurando numa barra enquanto uma bicicleta que eu estivera montando seguia sozinha, escorreguei e caí de costas, e a gente tinha que se

13. Na França, foram publicados um artigo de Marcelin Pleynet em *Réalités* (julho de 1966) e uma nota em *Tel Quel* n. 18 (verão de 1964) elogiando o coreógrafo.

apresentar no dia seguinte! Fui para casa e tomei um banho de banheira quente, tentei descansar durante a noite, levantei na manhã seguinte, trabalhei bem lentamente e consegui participar da apresentação naquela noite.

Em 1968, o Second Buffalo Festival of the Arts Today pediu que criássemos um programa depois de uma residência de um mês. Apresentamos *RainForest* e *Walkaround Time*. Enquanto a gente estava lá, trabalhamos num grande ginásio abandonado que era usado com frequência por uma organização que cuidava de pessoas que haviam largado a escola, e esses jovens não ficaram nada felizes ao ver que estávamos usando o espaço. Vinham e ficavam por lá enquanto nós trabalhávamos, e eu os deixava entrar para assistir. Depois de alguns dias, um deles disse: "Vocês fazem isso todo dia?" E quando eu disse que sim, ele comentou: "Cara, você trabalha muito", ao que respondi que nunca ficava mais fácil, mas era sempre interessante. "Acho que vou pensar nisso", ele disse.

Depois desse verão, nos mudamos para um estúdio perto da rua 34, no número 498 da Terceira Avenida. Também era um prédio em ruínas, decrépito, mas o espaço era sensacional, bem largo e comprido, com pé-direito duplo; sempre frio, é claro, muitas vezes sem eletricidade, sem água quente e com goteiras no telhado que eu geralmente consertava, como fizera no estúdio da rua 14. Mas tínhamos dois andares por um aluguel bem baixo. Certo dia reclamei com Viola Farber sobre o trabalho ruim que um técnico havia feito no telhado e ela disse: "Quando você conserta o resultado é melhor. Você tem mais experiência!" Quando os dançarinos pulavam, dava para ouvir sons estranhos no chão, e eu sabia que não ficaríamos ali para sempre.

Mesmo assim, ficamos lá durante cinco anos. Em certo Natal, dei um curso de dez aulas para uns 35 alunos. Havia gelo na parte de dentro das janelas. Como não havia aquecimento, disse aos alunos que entenderia se eles fossem embora; mas a maioria ficou. Tinham que começar a dançar com o mínimo de roupas possível para terem algo com que se cobrir quando parassem. Alguns dias depois, um terço do teto de gesso desabou durante a aula; felizmente, ninguém se machucou, mas um dos dançarinos disse: "Hoje não é meu dia. Quase fui atropelado por um táxi." Decidi largar tudo como estava, mas na manhã seguinte voltei com alguns alunos para varrer.

Naquela época, alguns dos meus alunos já eram capazes de dar aulas quando a Companhia estava em turnê, de forma que podíamos manter o estúdio sempre aberto. A Companhia começou a mudar. Carolyn ainda estava conosco, mas Viola nos deixara pouco depois da turnê mundial. Ela havia se machucado e não queria mais dançar com a gente. Como você sabe, desde então ela faz seu próprio trabalho.

Durante os anos 1960 algumas ideias começaram a se desenvolver, sobretudo entre os jovens, para libertar a dança de todas as formas especializadas de técnica, da necessidade de treino. A sensação era de que qualquer tipo de movimento prosaico era útil na dança, e que quando se começava a especializá-lo, ele perdia o sabor original, o que provavelmente é verdade. Eram em grande parte o resultado de uma aula de composição dada por Robert Dunn no estúdio da rua 14. Sua esposa, Judy, estava na Companhia, e ele organizara o catálogo da música de John. Mas a minha opinião pessoal é que a prática dá outro sabor. Você pode ganhar um alargamento e uma amplificação que não ocorrem de outra forma. Minhas próprias ideias sobre a dança sempre incluíram a possibilidade de movimento prosaico em um extremo, o movimento virtuose no outro e tudo o mais entre os dois.

Começaram a surgir também mais dançarinos e uma proliferação de novas danças. Como os dançarinos achavam que não precisavam ser treinados, passavam com frequência de uma companhia a outra. Nossa situação era diferente. Dançar na minha companhia exigia um certo treino. Cada vez que alguém me deixava eu tinha de encontrar outra pessoa para ocupar seu papel. Substituições tomam muito tempo e não são muito interessantes para o resto da Companhia, que já conhece seu papel de cor e salteado. Parece sempre haver duas tendências no meu trabalho: uma perseverança diária constante, mas também a possibilidade de mudança, de permitir que ideias e dançarinos diferentes entrem no trabalho. Desde sempre trabalho com as possibilidades do corpo humano em movimento: a natureza em seu modo de funcionamento, digamos. Eu criava as danças, como sempre criei, dando a mim mesmo uma espécie de pergunta para resolver, sobre flexibilidade e praticidade.

Você lida com pessoas e elas também são seu material. Nunca senti a necessidade de pressionar no que diz respeito à expressão porque no caso da maioria dos dançarinos — se fazem a dança plenamente —, a coisa torna-se interessante de assistir. Se você não faz exigências enquanto espectador mas olha de verdade, descobre que a maioria das coisas é interessante. Esse é o outro lado da coisa, claro. Se você tem certas expectativas fixas, então procura por elas e perde todo o resto. Se não faz exigências e olha de verdade, na maioria das vezes, algo é interessante. No meu trabalho com a dança, uma das posturas que sempre adotei foi a de assistir e olhar, simplesmente, sem pressionar ou forçar, para que algo possa surgir dali, alguma coisa viva. Não que você não tenha que prestar atenção. Tem que fazer isso constantemente, estar lá, assistir, olhar e, quando vir alguma coisa, tentar mantê-la. É um pouco parecido com ensinar dança. Para mim, como falei, um bom professor é aquele que não se mete, um mau professor se mete. Há sempre um momento na vida dos dançarinos, no seu período de estudo, em que eles alcançam um patamar. Alguns nunca vão além disso, porque acham que é aquilo mesmo, nunca percebem que esse é o momento em que você tem que pular o abismo até o outro lado. Digamos que um dançarino esteja se movendo e cai. Eu penso: "Isso é bom, agora podemos seguir em frente!" mas é quando eles não caem, quando ficam sempre rígidos, seguros, a salvo, quando acham sempre que tudo está certo, é aí que acho que não funciona.

Nunca achei que algo estivesse certo para sempre. Talvez esteja durante um momento específico no tempo e no espaço, mas, no momento seguinte, talvez não. Suponho que isso tenha dificultado bastante as coisas para muitos dos dançarinos que já trabalharam comigo.

Por volta de 1970-71, o rangido no chão do estúdio ficou tão sério que estava na hora de partir. Jean Rigg, na época o nosso administrador, descobriu que havia um espaço disponível na cobertura de um conjunto habitacional para artistas chamado Westbeth, e logo que vi o lugar percebi que era ideal para nós, um espaço grande e aberto, com janelas que davam para a cidade e o rio. A construção básica era esplêndida. Fizemos o esforço de nos mudar para lá, e tem sido uma maravilha, um lugar de trabalho cálido e sensacional. Lembro que, quando eu era menino, ia com meu pai visitar um de seus clientes, um fazendeiro polonês que havia construído seu celeiro logo que chegara, antes de construir sua própria casa. Era lá que ele fazia seu trabalho. Era lá que sua vida começava.

Em 1972, Carolyn Brown decidiu parar de dançar. Eu consenti, naturalmente, mas isso causou uma mudança profunda. Foi então que criei *Changing Steps* para a Companhia. Ela tinha ido embora e eu não faço parte da dança. Esse espetáculo intensificou uma preocupação que eu sempre tivera com relação a todos na Companhia, deixar que cada um fosse solista.

No verão de 1979 fizemos uma curta turnê para um festival de dança da Carolina do Norte, onde executamos uma obra nova chamada *Roadrunners*. A música é de Yasunao Tone, um japonês que morava em Nova York, para viola e piano, ou dois pianos, com elementos eletrônicos e antigos contos chineses sendo recitados ao vivo em inglês usando dois microfones separados conectados aos instrumentos musicais. Às vezes se ouve uma gravação das histórias em chinês.

O figurino branco que Mark Lancaster fez para nós tem uma certa nitidez. Eu queria criar uma peça que fosse mais próxima da TV do que qualquer coisa que já tivesse feito antes, na maneira em que era cortada entre um momento e outro: coisas curtas que acontecem e desaparecem, e outras coisas que surgem. O caráter abrupto e ligeiro com que elas mudam podia ser interpretado como humor, e também como clareza de formas.

A ideia para as imagens de *Roadrunners* veio de uma visita ao antigo museu grego em Berlim Ocidental, que fiz quando estávamos lá em turnê. As formas das figuras nos vasos eram cheias de vida e ativas, e me perguntei o que poderiam provocar indo de uma à outra. Copiei várias delas em forma de bonequinhos e acrescentei o bastante na esperança de conseguir 64. Passar de uma dessas formas no espaço para outra em seu espaço atribuído provocava a brusquidão e a mudança de ritmo. Mantive o espaço em linhas horizontais, ou seja, as figuras se movem basicamente para a direita e a esquerda, de um lado do palco ao outro, algo como um jogo de sombras.

Exchange, de 1978, era uma peça comprida, de grande escala. Durava 37 minutos, e era dividida em três partes, com metade da Companhia na primeira parte, a outra metade na segunda e todo mundo na última. Eu aparecia nas três seções. Sempre me interessara pela ideia de recorrência; ideias, movimentos, inflexões que voltam com disfarces diferentes, nunca os mesmos; é sempre um espaço novo e um momento mudado no tempo. Então decidi usar isso ao criar *Exchange*.

Depois de desenvolver a gama de movimentos para a dança, usei operações de acaso para encontrar a ordem das sequências de cada seção, assim como para determinar que sequências se repetiriam na Seção II, e de novo na Seção III. Quando as sequências deviam se repetir, ocorriam, é claro, num contexto diferente, num espaço e tempo diferentes e também com dançarinos diferentes. Além disso, sequências que haviam sido feitas integralmente em uma seção podiam ser apenas parcialmente repetidas. Mais uma vez, uma sequência feita em posição paralela na Seção I seria refeita em posição aberta na Seção II, e se aparecesse na Seção III, poderia ter um salto acrescentado a ela.

A música é de David Tudor. É uma partitura eletrônica que muda seus parâmetros sonoros ao longo do espetáculo, mas não em relação com a dança.

A dança termina com a Companhia inteira no palco se movendo em grupos separados de dois ou três. Não para, permanece em processo.

Channels/Inserts, criada em 1980, foi coreografada primeiro como filme e depois arranjada para o palco. Veio depois de *Locale*. Eu queria encontrar um jeito de diminuir a quantidade de espaço que a câmera cobria num plano fixo. Como boa parte de *Locale* se movia por um espaço amplo, a câmera com frequência filmava um pedaço de chão vazio, que não estava sendo ocupado pelos dançarinos. Com *Channels/Inserts*, uma das ideias era limitar o espaço no qual a câmera ficava fixa, e então descobrir como mover os dançarinos dentro daquela área restrita. Para mim, isso significava voltar à aula de técnica e, em vez de criar exercícios que levassem os dançarinos pelo espaço usando a segunda e a quarta posição como passos intermediários, passar para passos mais restritos, usando a quinta e a sexta posição e trabalhando com movimentos que partissem daí, e que embora não fossem amplos em si, pareceriam amplos na câmera. Em vez de quatro direções, apenas frente, trás e os dois lados, usei oito, essas quatro e as diagonais, acrescentando ainda ângulos para as oito, todos precisamente criados para a câmera. Procurei ações rápidas e complexas para os pés usando várias mudanças de movimento e direção num espaço pequeno. Era como dançar num pequeno círculo e esbarrar em pontos diferentes do seu contorno.

Também nesse trabalho os parceiros são constantes, sobretudo Lise Friedman e Alan Good. As mesmas duplas são vistas juntas sempre que aparecem no palco. É como um lembrete constante ao longo de um caminho desconhecido.

Duets também foi criada em 1980, e nós a apresentamos durante nossa temporada no City Center, naquele ano. Começou com a ideia de fazer um dueto para Susan Emery e Rob Remley, que seria incluído nos Eventos. Tendo terminado esse, decidi fazer um segundo, depois um terceiro, para outros dançarinos da Companhia, até que chegamos a seis. Não lembro da ordem em que foram criados, mas, enquanto trabalhava neles, a ideia de ter dois dançarinos fazendo sequências distintas e separadas, embora em proximidade um com o outro, foi surgindo. Depois que as seis danças foram terminadas, decidi que poderiam funcionar por conta própria. Acrescentei uma breve entrada e saída por uma das outras duplas em cada um dos duetos; e o fim, que envolvia as seis duplas. O fim é composto de três sequências curtas, cada uma seguida de uma breve interrupção, como se estivessem tirando uma foto. Depois da terceira interrupção há um blecaute. A música é de John, *Improvisations III*. O material é de gravações em fita cassete de percussão irlandesa tradicional, *bodhráns*, tocados por Paedar e Mel Mercier.

Duets também está presente no repertório do American Ballet Theater. Chris Komar ensinou a dança à Companhia.

A ideia de duas pessoas dançando juntas fazendo duas coisas diferentes em vez de uma só foi levada adiante em *Trails*, em 1981. Criei sequências para cada dançarino separadamente. Então, no ensaio, juntei-as, mantendo cada sequência o mais distinta possível, permitindo ao mesmo tempo qualquer cooperação entre os dançarinos que fosse possível: um levantamento ou, como numa delas, uma inclinação da mulher sobre o homem.

Fielding Sixes e *Tens With Shoes* apresentavam uma limitação no que dizia respeito aos números. Em *Sixes*, as 64 sequências usadas eram todas em seis, e no mesmo ritmo rápido. Variavam apenas em termos de movimento e ênfase. A repetição era permitida. Operações de acaso deram a continuidade, os espaços a serem usados e o número de dançarinos a aparecer em todos os momentos. Muitas das sequências envolviam saltos e travessias rápidas do espaço de dança, assim como inversões repentinas de direção. Minha impressão, quando vejo os dançarinos executando essa obra, é a de uma dança country na qual as configurações formais se abrem de maneiras inesperadas, com os dançarinos aparecendo e desaparecendo, mudando de grupos e parceiros de um jeito fluido. Ela foi apresentada recentemente pelo Ballet Rambert, na Inglaterra. Mais uma vez, foi Chris Komar quem a encenou.

Tens With Shoes. O título vem das sequências originais que eram contagens de dez, tendo mudado depois para incluir oitos, e da minha decisão de que os sete dançarinos deviam usar sapatos.

Os passos são precisos; os movimentos se relacionam na minha memória com as "misturas" que a sra. Barrett ensinava, e com o aspecto dos jovens hoje em dia quando os vejo dançando nas ruas, se balançando e sacudindo. Há um uso dos quadris, dos ombros, dos pés para dentro, dos calcanhares esticados; os braços ficam com frequência ao longo do corpo, mas quando estão em movimento são articulados nas juntas, o ombro, o cotovelo e até o pulso em contagens precisas. O ritmo deve parecer livre e exato ao mesmo tempo.

Gallopade, de 1981, é uma série de situações *non sequitur*. Lida com movimento referencial, de um jeito absurdo, tornado absurdo pelo uso de operações de acaso. Em dado momento, por exemplo, uma série de pequenos gestos com as mãos e o resto é usada. São gestos comumente usados por várias pessoas, como ênfases no discurso ou gestos derrisórios. Aqui, os gestos são tirados de contexto e fragmentados mais ainda com o uso do acaso para dar sua continuidade. O humor e o inesperado se entendem bem.

Duas obras recentes são *Quartet* e *Coast Zone*. *Quartet*, feito em 1982, tem cinco dançarinos. O título foi motivado por duas possibilidades. A primeira é que dois dos dançarinos ajam como um, no sentido de fazerem os mesmos movimentos ao mesmo tempo; a segunda é o meu papel na dança, que mais uma vez me separa dos outros. Estou no palco no começo, as formas que apresento são diferentes das dos outros, embora eu por vezes espelhe seus movimentos e interaja com eles. Há essencialmente uma gama diferente para cada dançarino, mas às vezes eles compartilham certas sequências. A natureza do trabalho é mais para o lado sombrio. A ação fica confinada numa área relativamente pequena. As sequências foram planejadas para ter o mínimo possível de transições e serem o mais curtas possível, entre um movimento e outro.

Coast Zone, concebida primeiro como filme (foi filmada na Synod House da Catedral de St. John the Divine, em Nova York, mais uma vez com Charles Atlas como colaborador), e depois arranjada para o palco, é uma obra para a Companhia. A fluidez de ondas, a variação da areia, as paisagens cambiantes que uma área costeira pode apresentar, especificamente a rapidez das mudanças em tal ambiente, foram as imagens que me vieram à mente enquanto trabalhava nessa obra. A coreografia e o movimento da câmera foram criados com operações de acaso, ou seja, a sequência e a superposição de movimentos, o número de dançarinos a serem vistos em todos os momentos, o espaço no qual deviam estar, assim como as mudanças de posição da câmera, foram iniciados por meios de acaso. Usamos closes como parte integrante do filme. Meu ponto de partida para a divisão do espaço foi separá-lo em três áreas, fundo, meio e frente, ou seja, corpo inteiro visto no fundo, corpo inteiro ou parcial no meio, e closes na frente. Das danças que fiz para filmes ou vídeos, essa foi a mais difícil de transferir para o palco. Para tentar manter a sensação de movimento precipitado, em constante transformação junto com a imagem grande que o close apresentava na câmera, senti a necessidade de acrescentar e em alguns momentos alargar o movimento do close com imagens fixas para o palco de modo a fazer com que aparecessem contra o movimento contínuo da dança.

A música é de Larry Austin. Chama-se "Beachcombers". Foram usados computadores na sua composição e na realização das fitas, algumas das quais entram como parte da música; outras agem como maestros para os artistas.

DANÇA E PODER

. . .

[JACQUELINE LESSCHAEVE]

Merce Cunningham, parece que na própria forma do seu trabalho muito pouco espaço é dado ao desenvolvimento ou à disseminação das suas descobertas. Sentimos até uma espécie de negação implícita de qualquer impulso de ramificação ou desenvolvimento.

[MERCE CUNNINGHAM]

Acho que eu não me importo muito se a coisa é desenvolvida e espalhada ou não. Estou disposto a me apresentar em lugares de forma que ela possa se desenvolver, mas, se isso não acontece, não fico muito preocupado. Qualquer um dos dois está bom. Nunca penso nisso como sendo apenas meu. Somos todos nós, os dançarinos, os músicos com quem trabalhei, os artistas. Estamos todos envolvidos. Lembro de uma escola, mais uma das situações em que estávamos respondendo a perguntas, quando um estudante na plateia falou, desesperado: "Como é que vocês conseguem fazer o que fazem, sair por aí e apresentar o resultado? Podemos ver que fazem isso e achamos interessante, mas na escola ninguém nunca explica como esse tipo de coisa acontece." John Cage deu uma resposta maravilhosa, como faz com frequência, e descreveu a forma como trabalhamos juntos em um nível de independência comum, sem que alguém acima de nós diga: "Você tem que fazer isso e isso." Mesmo que, de certa forma, eu tenha esse papel, tento ao máximo evitá-lo. Quando tenho que fazê-lo, faço, mas prefiro evitar. Assim é um processo contínuo. Não se torna um objeto.

A atitude que você descreve, o esforço para divulgar o trabalho, para influenciar outros, tem a ver com poder, com ego. Aparentemente isso não me interessa, ou, se interessava, já não ligo mais. Durante tantos anos não houve interesse nenhum por parte de ninguém... Continuamos fazendo como podíamos e nos apresentando. Algumas pessoas estavam bem interessadas, mas não havia um interesse imenso, então você se torna bastante indiferente ao sucesso. Simplesmente continuávamos para poder continuar. Quando fizemos aquela turnê em 1964, foi nossa primeira turnê longa.

Foi a primeira vez que vi você em Paris.

Sim, foi a primeira vez que fomos lá, para o Théâtre de l'Est Parisien. Começamos a aparecer na imprensa, mas sobretudo em línguas que eu não entendia. [risos] Continua não fazendo nenhuma diferença. Na verdade, eu me interesso o suficiente pela dança para poder ignorar todas as coisas que a cercam. Tentei, de certa forma, evitar qualquer preocupação com poder e ego, autoexpressão e tudo o mais.

Depois de certo tempo, novas formas artísticas são retomadas por instituições nacionais ou internacionais, exatamente como aconteceu com Martha Graham. Pelas minhas leituras, parece que depois de um período, o governo americano transformou-a numa espécie de símbolo nacional ou de embaixadora itinerante. Suas turnês internacionais eram avidamente patrocinadas por instituições americanas. Com você não vejo nada do tipo acontecendo, o que acho ótimo, mas ainda assim...

O governo americano, mais do que tudo, não entendia o que estávamos fazendo. Raramente se relacionaram conosco: se por acaso vamos a algum lugar e eles podem fazer uso disso, fazem, mas nunca nos mandam para lá. Talvez seja porque nós representamos um pedaço da arte americana que eles acham que não deveria existir.

Certamente foi o caso em Buenos Aires, onde a embaixada manteve nossa presença em segredo de forma que na noite de abertura o auditório estava praticamente vazio. A notícia se espalhou e começamos a ocupar lugares, e o público estava extremamente entusiasmado ao fim daquela semana. Nós representamos a anarquia, por assim dizer. John Cage mais do que qualquer um. Ele se manifesta tão abertamente contra todos os governos. Por outro lado, as pessoas inteligentes das embaixadas onde fazemos turnês reconhecem essa atitude. Por exemplo, na Polônia, quando John estava falando, havia um membro do nosso consulado lá, e eu o vi sorrindo. John estava se manifestando contra os governos, não apenas o comunismo.

Percebi que John estava involuntariamente apoiando o governo americano, porque lá estava ele, com a permissão do governo americano, falando sobre se livrar do governo.

Em Paris, o Teatro Bolshoi vem apresentando coisas novas ultimamente. Estão tão distantes do pensamento contemporâneo, tão no século XIX... Devem ficar realmente chocados com o que é mandado para lá com o objetivo de trazê-los para o século XX. Roland Petit, que foi até lá com a Ópera de Paris, não é um choque e não é o século XX. Então talvez você não gostasse, mas para a jovem população russa seria bem importante você ir até lá.

Na verdade, eu gostaria de ir para a China com a Companhia. John recebeu uma carta de artistas de Moscou um ano atrás, que veio via Alemanha, originalmente... Lembro da carta patética daqueles jovens que não tinham muito conhecimento sobre a música de John mas estavam muito interessados... E será que ele escreveria de volta? Foi o que ele fez. Depois de um tempo, outra carta chegou de Moscou, com algumas fotografias, e aquelas pessoas descrevendo algo que haviam feito, como um happening. Haviam criado um grande balão, não tão grande quanto esse cômodo, não sei de que era feito, papel, provavelmente, o lançaram num rio e o deixaram boiar. Enviaram fotos do lançamento e da fabricação. Eram lindíssimas. Então vimos umas oito ou nove pessoas de pé à beira do rio, uma delas com um guarda-chuva, e o balão descendo o rio. Era igualzinho a Tchekhov, as pessoas de pé, assistindo. Muito emocionante. Disseram muitas palavras elogiosas sobre o trabalho de John, esperando que algo acontecesse.

O processo do seu trabalho é de fato um desafio para a forma como os eventos artísticos costumam ser organizados.

Sim, pessoas da administração ou do governo não conseguem manter a rigidez como poderiam com outro tipo de organização. Isso as deixa nervosas. Nossa recepção no exterior tem sido bem diferente.

Não tanto porque o público é maior ou menor, mas porque a ideia que as pessoas têm quando vão assistir a algo no teatro é muito diferente lá fora do que é, ou era, nos Estados Unidos, embora isso esteja começando a mudar. Nos Estados Unidos, temos menos envolvimento político com as artes. Pessoas que não estão na universidade vão ao teatro para se entreter. Quanto a nós, continuamos a fazer um trabalho que também não parece ter muito a ver com política, mas quando levamos isso para fora do país, com muita frequência, uma conexão política é trazida, não por nós e sim pelo público. Não estou falando de algo específico, mas a política entra na questão, porque de certa maneira estamos lidando com uma ideia diferente sobre como as pessoas podem coexistir, como podem se dar bem na vida, de certa forma, e fazer o que é necessário, sem precisar empurrar a outra pessoa para baixo para conseguir isso.

Nos Estados Unidos, o apoio às artes não veio primeiro do governo, mas das universidades. Por exemplo, nenhuma das minhas turnês, no início, tinha qualquer patrocínio do governo. Eram sempre feitas por intermédio das universidades, que na época não eram tão politicamente orientadas como podem ser hoje. Então, quando íamos a um país onde o público assumia uma conexão entre a arte e a política, eu não entendia, no começo. Não paravam de perguntar: "Qual é a sua política?" Hoje começo a entender. Mas o que nós representamos é, de certa forma, a ausência de governo. Representamos, sim, uma espécie de comportamento individual numa relação com você mesmo, fazendo o que faz, e permitindo que o outro faça o que ele faz. Como Christian Wolff disse certa vez, isso implica boa-fé entre as pessoas.

Não sei se isso poderia funcionar em grande escala. Essa é a maior companhia que já tive: 14 dançarinos, no total 23 pessoas com quem viajamos, e por enquanto conseguimos. Todo mundo percebe que a situação pode ser boa ou ruim e, em vez de começar a reclamar imediatamente, tenta encontrar um jeito de lidar com ela.

Não sei qual é o próximo passo, mas as pessoas talvez entendam — seja por intermédio do que fazemos ou simplesmente por conta própria, vivendo suas vidas cotidianas —, em vez de achar tudo desinteressante, que há muitas coisas a se ver e ouvir. Se há qualquer abertura na vida das pessoas, é aí que ela tem que estar, na sua existência diária, de um momento para outro, porque tantas vidas ficam simplesmente presas numa espécie de rotina. Uma das coisas que os dançarinos têm de fazer durante a vida inteira é ter uma aula todo dia. Você pode chamar essa hora e meia de labuta ou de qualquer outra coisa. Se você pensa nisso como um exercício, então é isso que é, algo por que você tem que passar para poder fazer outra coisa. Faz muito tempo, pensei que isso não era um jeito muito bom de ver a questão, então decidi que cada dia aquilo seria algo novo, que pudesse ser percebido como novo, fresco e interessante, em vez de algo que você simplesmente tem que fazer. Passamos uma parte tão grande de nossas vidas não fazendo coisas, e sim esperando para fazer outras coisas. Acho que é melhor, neste momento, por exemplo, olhar essas flores que estão na mesa e perceber como são bonitas, interessantes, em vez de pensar: "Ah, preciso me arrumar para o almoço." O que isso elimina é toda a ideia de acumular momentos até um clímax, de preparação para uma espécie de evento importantíssimo que vai acontecer. Acho que não é preciso fazer isso. Vai acontecer de qualquer forma, de um jeito ou de outro. Sempre me pareceu que a vida é cheia de clímax, é constante. [risos] É o suficiente para tentar manter seus olhos e ouvidos abertos.

Além disso, a maioria das pessoas que dizem "vou me preparar para isso", quando chegam lá, nada acontece...

Exatamente, e aí elas têm que pensar sobre, bem, o que fazer a seguir? [risos] Isso é basicamente uma ideia ocidental, ir de causa a efeito, enquanto há ideias orientais que permitem um sentido muito mais amplo do mundo, do mundo espiritual, além de outras formas de pensar; por exemplo, o fato de que você não é a única coisa no mundo. Essa cadeia de causa e efeito tem a ver sobretudo com a ideia do ego sendo levado a algum lugar, ou levando a si mesmo. E se você, uma vez só, conseguisse sair de si mesmo... embora para dançarinos isso seja muito difícil, porque eles são tão preocupados com si mesmos! [risos] Mas têm que ser!

Quando estou trabalhando numa obra nova, fico sempre convicto de que estou deixando passar algo, como se não pudesse enxergar muito bem além da esquina. Eu sei que há outra coisa, à qual não estou chegando, na qual estaria interessado, que esse não é o único jeito de fazer a coisa. Finalmente faço uma escolha, seja como for, por meios de acaso ou outros, porque no fim das contas eu tenho que ser prático. Digamos que eu tenha um prazo de entrega, a data de uma apresentação. [risos]

O que me preocupa mais é que eu esteja deixando passar uma ideia muito grande... Olha, devem ser crianças voltando da escola...

De onde vem a sua sensibilidade com relação à arte oriental?

Provavelmente do Noroeste. Em Seattle, lembro que havia um bairro japonês bem grande e Chinatown era bem pequena. A influência japonesa é mais clara no Noroeste do que a chinesa. Nellie Cornish convidou o dançarino Uday Shankar para dar aulas na faculdade. No museu de Seattle, as coleções de arte oriental são magníficas. E, no fim das contas, a Índia é a única cultura na qual um dos deuses é um dançarino. A ideia da arte enquanto processo em vez de objeto é mais oriental do que ocidental. Acho que é importante notar essa duplicidade: no Ocidente, o espaço é orientado de maneira linear, de dentro para fora, enquanto no Oriente ele é concebido como circular. A língua chinesa também é mais flexível, mais fluida. Acho que o inglês é a única língua que pode competir com ela, por causa da sua ambiguidade.

PALCOS. PLATEIAS. EVENTOS

. . .

[JACQUELINE LESSCHAEVE]

O que é para você estar no palco, na frente de pessoas? Do que é feita a experiência do palco?

[MERCE CUNNINGHAM]

Para mim — estou falando em matéria de dança aqui, embora isso se aplique a todas as outras atividades performáticas — é um alargamento ou uma amplificação de energia que só a dança pode fazer. Não quero dizer que os esportes não fazem isso, mas o fazem do seu jeito, enquanto a dança é um alargamento de um tipo de energia que só pode ocorrer na maneira em que a dança opera. Agora, quando você junta a isso o som e uma cena visual, está tentando ampliar essa energia de três maneiras diferentes. Você une essas coisas e passa a ser algo que não precisa ser testemunhado por ninguém. Ninguém assiste aos nossos ensaios, a não ser muito raramente. Há outras coisas na vida que não são necessariamente vistas pelas pessoas, mas que mesmo assim ocorrem.

Isso nos leva a ver o teatro como parte da vida. Não como algo separado dela, não como algo especial, para ser visto apenas em certas circunstâncias, e sim como sendo tudo à nossa volta, tudo que você vê. Se você tem isso como uma espécie de ponto de partida, qualquer coisa que você faça pode ser teatro. Vá além e diga que, se isso é verdade, então qualquer lugar pode ser teatro, de forma que você não fique paralisado pela ideia de um lugar específico.

Nos Estados Unidos, nos anos 1960 e no fim dos anos 1950, muitos jovens começaram a questionar as velhas estruturas que aprendemos na escola: deve haver outras possibilidades, então você começa a se perguntar quais são elas. Como sabemos que o jeito como a sociedade está construída não está funcionando, ao menos hoje em dia, então obviamente deve haver outros jeitos, outras possibilidades a se pensar. Enquanto isso, vou em frente, dançando, ensinando, viajando, para continuar a fazer o que faço: mas todas essas ideias entram no meu jeito de trabalhar. Comecei a ver que a dança também podia ser feita de outra maneira. E faz sentido perfeitamente. Ela não precisa ir apenas em uma direção, pode ir de um jeito diferente, e por que não?

Observei algumas vezes pessoas assistindo às suas obras, sobretudo na França. Fica claro que quando elas veem outros espetáculos ou outras coreografias, feitas sobre uma base completamente diferente, são desafiadas a partilhar certas façanhas ou emoções acumuladas. Elas se reconhecem nessas coisas, se colocam num papel, no papel clássico de pessoas indo assistir a um espetáculo e sendo espectadoras, de forma que quando estão diante das suas obras, onde quer que as vejam, simplesmente não sabem onde estão, portanto tentam encontrar algo que pensar.

É diferente para os jovens. Pode parecer que eles não reconhecem ou entendem completamente a base da coisa, mas é óbvio que sentem a diferença.

A ideia de concentrar a performance em dado espaço e tempo, com meios específicos, dá a ela, de fato, o caráter destilado, talvez até farmacêutico de uma dose ou comprimido. Ao mesmo tempo, embora isso esteja mudando, tenho a sensação de que as novas formas de olhar são frequentemente apenas sobrepostas às antigas, tornando as pessoas agitadas e inquietas, com medo de perder algo. As coisas lhes parecem mais numerosas, mais fragmentadas, porém no mesmo espírito, o que as deixa muito nervosas.

Elas provavelmente tentam fazer conexões deliberadas, mas o que veem só pode ser o que é. As pessoas não podem se impedir de fazer conexões, mas quando você tenta lhes dizer como fazê-las, coloca algo em seu caminho, elas começam a se sentir nervosas e achar que estão deixando passar alguma coisa.

Já vi o público às vezes ligeiramente irritado com você, sentindo de alguma forma que, nas condições em que estava enquanto plateia, não tinha acesso fácil.

É verdade!

Tiveram de vir de longe, nada lhes foi facilitado, e diziam: "E quanto a nós?"

Sim, mas o que as pessoas frequentemente deixaram de reconhecer é que estavam tendo uma experiência, da qual podem ter decidido que não gostaram, mas mesmo assim uma experiência, porque elas fizeram parte daquilo de alguma forma, mesmo ao ir embora, ao sair da sala. Eu espero que de alguma maneira elas possam se tornar parte da experiência que estamos todos supostamente partilhando durante a apresentação. Gosto de pensar no espectador como alguém que vai ao teatro, como já foi dito, para exercer suas faculdades. Prefiro muito mais essa ideia do que da de um espectador que vem depois de jantar, de estômago cheio, senta, dorme e espera ser despertado. Não me importo que as pessoas caiam no sono, e não me importo que vão embora. Mas prefiro lhes dar oportunidade de exercer suas faculdades individuais da forma que cada uma delas escolher.

Quando as pessoas vão ao teatro, geralmente recebem momentos de excitação e prazer, que são momentos muito engraçados, se pararmos para pensar nisso.

Nós vemos essa questão de maneira diferente. O músico estava envolvido com o som que estava fazendo, o artista plástico com o cenário, eu com a dança, e essas coisas acontecem ao mesmo tempo. Precisamos ter um lugar onde fazê-las acontecer, e geralmente se pensa num teatro. Além disso, teatro implica espectadores, ao menos pode implicar. Suponho que nós colocamos os espectadores numa posição onde não têm apoio. Mas há muitos eventos na vida em que não se tem apoio. Estamos envolvidos numa complexidade semelhante à da vida, a vida que cada um de nós está vivendo.

Parece que, segundo sua descrição, existe uma forte ênfase no processo de pensar a coisa, de fazê-la e de levá-la ao público, a um espaço público, qualquer espaço onde ela possa acontecer, enquanto muito menos importância é dada ao efeito produzido.

Não tentamos fazer com que o espectador individual pense de uma certa maneira. Acho que cada espectador é mesmo individual, não se trata de um público. Cada espectador enquanto indivíduo pode receber o que fazemos à sua própria maneira e não precisa ver a mesma coisa, ou ouvir a mesma coisa, que a pessoa a seu lado.

Pensar dessa maneira é uma grande mudança, já que esse ritual de concentração, no tempo e no espaço, deveria despertar os mesmos sentimentos em todos. O fato de você considerar que isso é tão relacionado com cada pessoa em particular (a que está fazendo ou a que está assistindo) significa que você não quer brincar com uma inter-relação, influência ou cumplicidade com a plateia. Na situação do palco há geralmente uma espécie de posição espelhada e de identificação: a excitação cresce. Quando você apresenta seu trabalho, o que acha que acontece com o espectador? Ele se identifica?

Não posso responder isso por outros. O que o espectador individual traz para a sua experiência particular, ou a situação com a qual está envolvido, depende dele. Só posso pensar nas danças como peças, elas começam lá e terminam ali. Por outro lado, alguém que não esteja familiarizado com esse tipo de trabalho, com as coisas separadas dessa maneira, talvez não consiga criar uma continuidade a partir disso. Mas se você aceita a coisa como ela é e se deixa levar à medida que ela acontece, momento por momento, então ela não precisa ser coesa nesse sentido comum. Ela se torna o que é no momento em que você olha para ela. Deve ser difícil para um espectador de teatro comum. Entendo isso, embora eu ache que a forma como as pessoas prestam atenção hoje em dia está mudando. Os jovens não pensam em termos de pensamento linear. Podem acompanhar um campo. Não precisam ir de uma coisa a outra. Podem ver tudo, não precisa ser linear. Isso é parte daquilo com que estamos envolvidos, permitir algo como uma situação de campo.

Há uma grande descontinuidade entre o que aqueles que praticam esse tipo de arte estão fazendo juntos e o que é deixado para o público alcançar individualmente.

A dança não é dirigida a eles, ou feita para eles. Ela é apresentada para eles. Suponha que numa dança em que dirigi algo numa direção especial, o som tenha ido para outro lugar. Ele tem sua própria modulação. A parte visual pode dar ênfase a algo totalmente diferente, então o que resta ao público é olhar essas três coisas e lhes dar um sentido. Mas, como disse, o espectador tem uma escolha. Pode se levantar e ir embora. Ou pode ficar e tentar encontrar um sentido.

Você já dançou em todo tipo de palco nos lugares mais inesperados. Como vê a mudança dos espaços contemporâneos?

Eles parecem mudar em ciclos. Palcos que seguem o modelo do século XVIII são todos mais profundos que largos, como o da Ópera de Paris. A razão disso é provavelmente o fato de que o cenário era importante, assim como a ideia de perspectiva. A dança clássica de Petipa vinha dos fundos do palco para a frente, geralmente em diagonais, mas se abrindo para a plateia. Esses palcos provavelmente não foram construídos em sua origem para a dança, é claro, mas há uma noção de distância dessa forma. Temos uma ideia diferente sobre o espaço hoje e fazemos um uso diferente dele, mais vasto, e também não só dos fundos para a frente. Os palcos recentes são quase sempre mais largos do que profundos. Seu olho pode pular de um ponto a outro, você não precisa mais ser levado de um a outro.

Trabalhar com pinturas dá uma característica toda especial à iluminação das suas obras.

Sim. Bem, a ideia geral comigo sempre foi a de que se deve simplesmente iluminar [risos]. Quero dizer da mesma forma que a luz do sol ilumina o dia, como quando você olha lá fora [Scheveningen, na Haia], vê que há luz, embora ela não varie tanto quanto em Rennes, onde a luz era tão linda, mudando constantemente por causa das nuvens. Nunca queremos que a luz produza um foco, dramatize algo.

Quando Bob Rauschenberg vinha nas turnês conosco, sua iluminação era extraordinária, ele iluminava como um pintor usa a luz, como um pintor pinta. Ele lavava algo com a luz, mas não em prol de algum drama. Ele simplesmente iluminava. E sempre achei isso absolutamente maravilhoso, como o dia. Não usamos gelatina e usamos muito poucas luzes coloridas. Acho que Charles Atlas muda mais as luzes, mas é sempre só luz. Como Jasper disse: "Eu quero ver os dançarinos." [risos]

Quem quer que esteja regulando a luz, quando não são os pintores, está na mesma posição que os músicos e outros artistas. O objetivo da luz não é dar apoio aos dançarinos e seus movimentos. Ela ilumina um campo mais do que partes específicas dele. Ilumina a área.

Em *Torse*, por exemplo, praticamente não há mudanças de luz. Ela simplesmente sobe e desce. No fim, na maioria das vezes, nós só abaixamos as luzes. Depende da obra. *Sounddance* termina com um blecaute repentino. Em outras danças às vezes é lento, e terminamos fechando a cortina. Outras vezes não usamos a cortina, porque cortinas são lentas demais. As aberturas também variam. *Sounddance*, mais uma vez, começa no escuro. Quando eu entro em cena as luzes surgem, mas não de um jeito dramático. A iluminação está ali, sempre, para iluminar a área, não para enfatizar alguma coisa, não para focar no que você acha que as pessoas deveriam ver. Com o meu trabalho isso não funcionaria de qualquer maneira, porque num segundo estamos aqui e no outro podemos estar lá longe... [risos]

Quando fizemos os Eventos em Nova York pela primeira vez, eles eram difíceis para as pessoas de assistir. Na Brooklyn Academy houve muita dificuldade com a plateia — o público simplesmente foi embora e causou o maior tumulto —, então decidi que não iríamos mais ao Brooklyn depois disso. Mas eu queria um lugar onde pudesse apresentar os Eventos em Nova York, então começamos a fazê-los no nosso estúdio em Westbeth, que é um espaço grande e adorável de se dançar, mas onde não podemos acomodar muitas pessoas. Dá para colocar umas cem cadeiras. Elas se sentam em dois lados, um com vista para a cidade através de seis janelas grandes, o outro de frente para um espelho na parede que pode ser coberto com uma cortina. É adequado. Dá aos dançarinos uma oportunidade de se apresentarem. Quando começamos a fazer Eventos no estúdio, fizemos isso nos fins de semana. Mais e mais pessoas começaram a aparecer. E começaram a surgir reclamações de que não havia espaço suficiente para o público. Mas o que a gente tinha começado a fazer só acontecera devido às circunstâncias em que estávamos. Lembro de certa vez encontrar uma senhora na rua com um guarda-chuva, era um dia chuvoso. Eu a reconheci, então disse "olá" e sorri, e ela comentou: "Não consegui ver seu espetáculo. Nunca consigo um lugar, está sempre tão cheio." Eu disse: "Ah, sinto muito." Então ela ergueu o guarda-chuva na minha direção e eu tive que me afastar enquanto a assegurava de que realmente sentia muito... Fazemos o maior número de apresentações que podemos. Não temos como fazer mais...

Acho que do nosso ponto de vista, com essa companhia, o melhor jeito de apresentar os Eventos é num ambiente não convencional, como ginásios, museus e até depósitos. Lembro que certa vez fizemos um Evento curto em Nova York para alunos de uma escola na mesma rua do nosso estúdio. Foi num ginásio, e as crianças estavam sentadas no chão, assistindo. Acho que falei um pouco, também. Levou uma meia hora, e as crianças pareceram gostar muito, fizeram perguntas depois e nós respondemos. Uma repórter do *New York Times* estava lá. Ela me disse ter perguntado a uma menina se ela tinha gostado, e a menina falou: "Sim, foi como olhar a parte de dentro de um relógio." Mas isso não responde à pergunta. Ela começa aí. Porque nós vamos embora e os professores não têm como dar continuidade àquilo, mostrar às crianças de que maneira aquilo poderia ser levado adiante em suas vidas.

Os Eventos foram numerados durante um tempo, de 1 até 200, mais ou menos. Mas vou largar os números, eles não parecem fazer muito sentido. Quando estávamos em turnê em 1964, passamos por Viena e as pessoas de lá nos pediram para fazer uma apresentação. O único lugar disponível era o Twentieth Century Museum. Nós concordamos. Então abriram o museu, que era um espaço grande e livre, com uma linda parede de vidro no fundo. Disseram que fariam uma plataforma para nós, e perguntaram se a gente podia se apresentar ali. Eu disse que sim, mas sabia que não podíamos fazer três danças ali, um repertório comum; não faria sentido. O público não tinha para onde ir durante os intervalos, não havia cortina, asas, luzes, nenhum lugar onde colocar o cenário. Então decidi que faríamos as peças que já tínhamos, uma em cima da outra, durante uma hora e meia.

Fizemos partes de danças, às vezes dobradas, com duas danças acontecendo ao mesmo tempo. Bob Rauschenberg, que estava com a gente na turnê, criou um objeto para ser colocado durante a apresentação e depois retirado. Todos se sentaram de um lado. Eram quatro pessoas tocando a música, se me lembro bem. Eram as partes de percussão de "Atlas Eclipticalis", de John Cage.

Antes de fazermos isso, eles disseram: "Agora vocês têm que dar um nome à apresentação." Pensei: vamos chamar de *Museum Event* [Evento de museu]. Mais tarde durante aquela turnê fomos a Estocolmo. Pediram que a gente se apresentasse no Modern Museum, onde na época Pontus Hulten estava exposto. Fizemos duas noites de apresentações. Essas duas e a noite em Viena foram os primeiros Eventos.

Quando voltamos aos Estados Unidos depois disso, vez ou outra, em turnês, fazíamos Eventos em lugares onde programas comuns não eram factíveis. Ou quando o palco era pequeno demais, pedíamos o ginásio. Pouco a pouco, fizemos Eventos cada vez mais frequentes. Finalmente me pediram para numerá-los. A esta altura deve haver duzentos e alguma coisa, e estou cansado de lhes dar números.

Havia sobretudo duas razões para os Eventos. Uma era romper com a ideia de que o único lugar onde podemos nos apresentar, por assim dizer, é o teatro, o que nunca foi verdade, porque há milênios pessoas fazem peças ao ar livre. No que diz respeito a isso, nós nos apresentamos do lado de dentro. A outra razão era prática porque aquilo nos permitia, enquanto artistas, fazer coisas em lugares onde, de outra forma, talvez não pudéssemos fazer nada. Podíamos mostrar que o teatro não precisava ser pensado enquanto teatro, mas podia ser algo visto na rua. A vida é como o teatro, o teatro é como a vida, você pode assistir a ele do mesmo jeito que observa pessoas na praia. À medida que nos apresentávamos nessas diferentes situações, tornou-se primordial que as obras não fossem criadas para caber num local específico, e sim que se olhasse para cada nova situação e se visse como lidar com ela.

Lembro que estávamos no Novo México certa vez, viajando, e quando nos deram um ginásio para nos apresentarmos ficamos muito felizes. Mas ergueram um palco lá dentro com plataformas e cortinas, era feio. Os operários não haviam terminado de colocar as cortinas, e eu falei: "Será que vocês poderiam tirar essas cortinas?" Eles ficaram encantados, porque era muito mais fácil para eles se livrar de tudo aquilo do que terminar de colocá-las!

Em St. Paul de Vence usamos todo o espaço de museu da Fondation Maeght, até o telhado. Lembro de subir e fazer parte de *Winterbranch* no topo do telhado, em algum canto. Havia uma escultura no pátio onde dançamos, e no próprio museu. As pessoas podiam olhar pelas janelas, de forma que alguém que estivesse sentado num lugar podia ver a dança em outras áreas também, lá fora, lá em cima.

Na Piazza San Marco, em Veneza, o Eventos foi fabuloso, fascinante; deve ter sido no fim da tarde. Sabia que se saíssemos ali e começássemos, as pessoas apareceriam, e eu queria que a gente fosse de um lugar a outro. Tive que pensar num jeito de fazer algo num lugar com pessoas em torno, e depois ir para outro lugar. Os músicos, me lembro, estavam fixos, em plataformas. Estávamos de tênis e calça de moletom. O que fiz foi dar a cada um de nós uma cadeira e uma vassoura. Saímos, todos os dançarinos se sentaram próximos uns dos outros, e gradualmente fomos empurrando as cadeiras para abrir espaço. Então começamos a varrer o espaço e fazer algo ali. Então um de nós erguia uma cadeira e todos nós levantávamos as cadeiras acima da cabeça, e íamos para outro lugar, nos sentávamos e recomeçávamos tudo outra vez. Fizemos isso umas quatro ou cinco vezes, levou uma hora, mais ou menos, e a gente ficava varrendo a sujeira de um lado para outro. Lembro de uma senhora na frente que ficou maravilhada com todo aquele processo. Aposto que ela estava pensando que a praça não devia ser varrida há anos...

NA ÓPERA DE PARIS: UN JOUR OU DEUX

. . . .

[JACQUELINE LESSCHAEVE]

Em 1973, durante sete noites consecutivas na Ópera de Paris, você apresentou uma dança chamada *Un jour ou deux*. Você já dançou nos espaços mais variados, e lá você foi de repente confrontado com um dos palcos mais bonitos e tradicionais que existem. Aqueles de nós que ficaram admirados disseram a si mesmos que Merce Cunningham estava interessado antes de tudo na dança, e, afinal de contas, um palco de ópera também é um lugar onde se pode dançar... Qual foi a origem desse evento?

[MERCE CUNNINGHAM]

Michel Guy, que na época estava no comando do Festival d'Automne, me perguntou se eu queria fazer algo patrocinado pelo festival para os dançarinos da Ópera de Paris. Era muito estranho me pedirem algo do tipo, mas, seguindo minha tendência habitual, eu disse sim. Ele me perguntou se eu preferiria fazer uma dança dentro de um programa com outras danças ou uma noite inteira, e pensei que se ia fazer algo era melhor fazer até o fim; mais tarde me ocorreu a ideia de fazer uma dança sem intervalo.

Então, durante o verão anterior ao festival, fui a Paris para escolher os dançarinos, e comecei a ver as dificuldades da situação em que estava entrando. Michel Guy me apoiou ferrenhamente. Acho que Lieberman não era radicalmente contra, mas, em todo caso, não parecia se importar. Senti que haveria uma inércia enorme, muita hierarquia, todos impotentes na hora de fazer as coisas. Então, de volta a Nova York, Wilfriede Piollet, Jean Guizerix e Michael Denard, em torno de quem eu criaria a dança, vieram a Westbeth para duas ou três aulas e conversamos sobre o assunto. No outono voltei a Paris por nove semanas.

A sala de ensaio era pequena. Dando uma aula por dia, coisa que fiz durante o período de ensaio, tentei tornar as coisas claras para os dançarinos. Os dançarinos principais quase sempre tinham outros lugares onde deviam estar. Algo estava constantemente dando errado, o que não é um problema — a maioria das coisas dá errado —, mas em geral conseguimos pensar em alguma solução. Naquele labirinto, ninguém conseguia. Alguns dos dançarinos começaram lentamente a perceber que algo interessante estava acontecendo. Decidi simplesmente que toparia o que quer que acontecesse. Foi muito desafiador trabalhar tão devagar.

Em torno dos três dançarinos que mencionei, havia um grupo de jovens dançarinos (26 ao todo), a maioria dos quais vinha da trupe Favart, da Opéra Comique. Havia dois mestres de balé que assistiam aos ensaios, um dos quais acabou se dando conta de que o que estava acontecendo podia ser interessante. Mas estávamos trabalhando numa sala tão minúscula, e um dia o outro mestre de balé perguntou ao meu assistente: "O sr. Cunningham sabe que o palco da ópera é bem grande?... (!)"

Michael Denard quase nunca estava lá. Acabei decidindo trabalhar com quem estava. Dentre eles, reparei em Charles Jude, cuja dança tinha uma característica forte e interessante.

Enquanto isso, Jasper Johns fez o cenário, que tinha duas cortinas cinza transparentes, uma atravessando a frente do palco e a outra quase na metade. As duas podiam ser opacas ou transparentes. A da frente ficava brevemente opaca no início da dança, pouco depois ficava transparente e assim permanecia. A segunda era primeiro opaca e depois de um tempo ficava transparente, revelando a profundidade do palco. No fim da dança ela voltava a ficar opaca. A dança é construída assim, baseada num ir e vir, uma brincadeira entre os diferentes volumes, os dois espaços. O título, *Un jour ou deux*, brinca com a mesma ideia que o espaço. A estrutura da dança mudou à medida que avançamos por causa das enormes dificuldades, pessoas faltando, má organização. No fim, as coisas foram bem caóticas. Mas eu simplesmente persisti.

Deixe-me relembrar a sequência de abertura: a cortina, um tom esplêndido de cinza, se torna transparente com um simples jogo de luz, enquanto, atrás, os dançarinos entram um a um e tomam seus lugares de maneira aparentemente aleatória, sem a referência de qualquer simetria espacial ou sua própria configuração, e começam suas sequências, cada um num ritmo diferente.

Sim, essa entrada pareceu escandalosa a um dos mestres de balé. Eu havia dito aos dançarinos para entrar em cena e tomar suas posições andando, simplesmente, e o mestre de balé falou: "É impossível, você não pode fazer isso." Eu disse: "Quero mostrar como os franceses andam." E ele repetiu: "Você não pode fazer isso!"

Só pelo prazer de recordá-las, aí vão algumas das sequências mais marcantes: todos os dançarinos no palco com seus collants que vão de cinza-branco a cinza quase preto, nenhum deles totalmente branco ou preto, gradações de cinza a branco de baixo para cima. A sequência é a mesma para todos os dançarinos, ligeiramente deslocada no ritmo de cada um, e o movimento espacial que isso implica. A série de saltos e quedas de Jean Guizerix, suas corridas e saídas entre os outros dançarinos, terminando com a reviravolta mais graciosa e inesperada. O lindíssimo dueto de Wilfriede Piollet e Guizerix pouco depois. A esplêndida entrada de Michael Denard: a caminhada, os braços cruzados acariciando suas costelas... A sequência de saltos dos jovens rapazes, tão leve, juvenil e lúdica. O solo negro de Claude Ariel e o movimento diagonal de Wilfriede Piollet. Equilíbrios incríveis, a continuidade das sequências, paradas e voltas pelo tronco que Denard teve de fazer sem perceber totalmente como eram lindas: nada artificialmente brilhante, muito mais do que isso, uma qualidade soberba. E quando *Un jour ou deux* foi feita sem ele, ficou faltando algo importante. A linha de dançarinos *à la* Giacometti atravessando a cortina diagonalmente por todo o palco. As sequências sobrepostas muito elaboradas no fim, com os diversos *relevés* imobilizados que encerram a obra. Tudo levava noventa minutos, com algumas sequências bem curtas, outras longas, mas dando sempre a sensação de estar ao mesmo tempo estendidas e fazendo parte de um todo que vai pouco a pouco se abrindo.

Eu havia pensado com antecedência em várias ideias para seções, sabendo muito bem que elas obviamente mudariam quando eu chegasse lá; algo sobre o tempo de cada seção. Segui isso de maneira geral.

Experimentei movimentos todos os dias. Testava tudo com os dançarinos, para ver quais eram suas facilidades, porque eu não sabia. Houve um grande problema com o ritmo. Tive de repetir coisas absolutamente simples o tempo todo, mas, como muitos dançarinos em toda parte, se não viam o movimento logo de início, eles desistiam. Então tentei encontrar os que achei que podiam fazer algo. De maneira geral, eram muito conscientes quando se tratava de posições, o que é conveniente, mas não tinham consciência do que acontece entre uma coisa e outra. Então era extremamente difícil conseguir algo grande. No todo, a dança segue o plano original.

A única coisa a fazer era continuar apesar de todas as dificuldades e tentar tornar cada movimento o mais claro possível de acordo com a maneira como os dançarinos o compreendiam, começando com o que eles conseguiam fazer e usando o vocabulário de balé, só que ligeiramente estendido.

A música não foi facilmente aceita pelos músicos...

Eu sei. E, no entanto, aqueles sons de batidas que vinham do fosso foram feitos com caixas de papelão francesas, então, como disse alguém, era um som muito francês, e para toda uma orquestra! A música de John Cage é leve, como chuva. Às vezes, na fita, dá para ouvir um pássaro cantando ou o zumbido de um avião. Os dançarinos ficaram apavorados de ter que se mover sem o apoio da música, mas rapidamente perceberam, depois da primeira noite, que não era um problema. A iluminação foi projetada por Jasper Johns.

Mudando imperceptivelmente, uma luz do dia de rara sutileza na qual os dançarinos pouco a pouco tornam-se visíveis. Que noite maravilhosa e quanta beleza!

DA NOTAÇÃO AO VÍDEO

. . .

[JACQUELINE LESSCHAEVE]

Com certeza algumas anotações das coreografias clássicas sobreviveram, não?

[MERCE CUNNINGHAM]

Não sei bem quão completas são as anotações, mas um russo cujo nome não recordo veio para a Europa ocidental no começo dos anos 1920. Ele havia trabalhado com o Balé de São Petersburgo. Trouxe anotações bem completas dos maiores balés, incluindo *A bela adormecida*.

Quando Diaghilev fez com que esse homem ressuscitasse *A bela adormecida*, foi por intermédio dessas anotações e da sua própria lembrança que o trabalho foi feito. Essa foi a primeira produção fora da Rússia, uma montagem bem grande da obra que nunca antes fora vista na Europa ocidental.

Sobre outras artes teatrais e filmes há anotações e livros importantes, Stanislavsky e Eisenstein, por exemplo. Mas não há quase nada sobre coreografia.

É verdade que ela não foi investigada até recentemente, mas, se você olhar para a história da dança, verá que ela conta com personagens importantes, como Noverre. Todos conhecem suas cartas sobre a arte da dança no século XVIII. E aposto que há muitos escritos na Rússia que nunca foram traduzidos. Suspeito que haja anotações e descrições mais detalhadas do que qualquer coisa que temos. Não há muitos livros que detalhem os passos porque isso é impossível de fazer, e, a não ser por certos indivíduos aqui e ali, não havia muito interesse numa descrição detalhada da dança. A dança teatral era pensada — e ainda é — como um entretenimento elaborado em grande escala. Boa parte da própria dança era transmitida entre um dançarino e outro. Ela foi passada majoritariamente de pessoa a pessoa, como a música em qualquer sociedade primitiva. A poesia oral foi passada adiante, não escrita, embora existam livros no Oriente, de dança indiana clássica, por exemplo, bastante detalhados no que diz respeito aos passos.

Além das cartas de Noverre, há o belo livro de Carlo Blasis,[14] o livreto de Vaganova[15] e algumas pequenas publicações de Cecchetti que são muito detalhadas... Realmente, a biblioteca é bem pequena, mas há alguns livros.

O vídeo vai mudar tudo isso. Não acho que ele seja essencialmente a resposta a todos os problemas, mas vai causar tantas mudanças quanto a gravação causou à música. Com a gravação, muita música começou a se disseminar de uma maneira que não era possível antes, e o mesmo está começando a acontecer com a dança. Por isso, acho que uma direção possível agora seria criar uma notação eletrônica que poderia ser vista ao mesmo tempo que uma simples gravação em vídeo da dança. Pois se você quer um registro claro e completo de uma dança, o vídeo não basta. Não se pode ter apenas o vídeo, é o mesmo que uma gravação para uma música: você precisa de uma notação assim como a música requer uma partitura. No entanto, não acho que a resposta esteja nas diversas notações como a Laban ou a Benesh, que são as notações mais conhecidas e relativamente boas. Os dançarinos não operam dessa maneira. Não olham para um símbolo. Eles veem alguém executando algo, então fazem aquilo ou inventam algo por conta própria, o que também é uma possibilidade. Trata-se de olhar o que é de fato, não uma coisa intermediária que representa outra. Não acho a notação interessante para mim porque é muito enfadonha. Sei que outros podem se dar bem com ela, mas eu não consigo.

Acho que a resposta é ter duas telas, numa das quais há um vídeo da dança e na outra uma espécie de notação que o acompanha, que se move junto com a dança e é tridimensional. Podem ser bonequinhos ou qualquer coisa, mas se movem no espaço, de forma que você pode ver os

14. Blasis, Carlo. *The Code of Terpischore* [O código de Terpsícore]. Nova York: Dance Horizons, 1976.

15. Vaganova, Agrippina. *Princípios básicos do ballet clássico*. Rio de Janeiro: Ediouro, 1991.

detalhes da dança; e pode pará-la e desacelerá-la. Isso certamente pode ser feito, só exigiria muito tempo e dinheiro! Perguntei sobre isso a um especialista em informática certa vez e ele disse: "Ah, é perfeitamente possível, só levaria um mês e um milhão de dólares." [risos] Em uma tela você teria a notação, que indicaria onde no espaço está cada um, a forma do movimento, seu timing. Na outra tela você veria qual a aparência que aquilo tem quando um dançarino o executa. Como usá-la é outro problema, mas você poderia parar a partitura e olhar, desacelerá-la para ver os detalhes. Os dois não teriam que passar simultaneamente.

Você às vezes traz de volta algumas das suas antigas obras?

Não me importo de manter obras antigas, de recuperá-las, mas não me preocupo muito com isso. É preciso ensaiar muito para trazer uma dança de volta, e por falta de tempo tenho que escolher entre isso ou criar danças novas. É claro que mantemos algumas obras antigas, recuperamos *Summerspace* e *Rune*, e fazemos partes de *Winterbranch* e *Scramble* nos Eventos. Agora já temos quase todas as partes de *Scramble*, poderíamos até refazê-la como dança integral.

Você deve ter uma memória visual muito boa.

Bem, me lembro de algumas coisas e não de outras, às vezes de detalhes e outras do formato geral. Mas há dançarinos que têm uma memória de dança incrível, não apenas para detalhes de algo que fizeram, mas de algo que outra pessoa fez. Chris Komar é assim. Ele tem uma memória impressionante de detalhes e formas, de sensações, de proporção, do aspecto visual, das transições.

Suponho que você permita algumas modificações quando recupera uma dança?

Não, na verdade, não. Se elas acontecem por uma razão que entendo, deixo passar, se não tiver problema, mas tento não mudar à toa. Isso seria fácil de fazer, mas de que interessa trazer algo de volta se é para mudá-lo?

Quantas danças a Companhia está fazendo no momento? Depende, é claro, do número de dançarinos e do tempo que você tem. Mas nos Eventos que você faz hoje, usa partes de quantas danças?

Isso depende do que está sendo ensaiado, é claro. Nessa turnê de 1977 para os Eventos, tínhamos partes de seis danças.

O que está no seu repertório agora, em 1984?

Danças completas? *Cross Currents*, *Rune*, *Torse*, *Fractions*, *Tango*, *Scramble*, *Signals*, *Locale*, *Changing Steps*, *Roadrunners*, *Channels/Inserts*, *Fielding Sixes*, *Duets*, *Tens with Shoes*, *Trails*, *Gallopade*, *Quartet*, *Coast Zone*, *Inlets 2*, *Roaratorio*, *Pictures*, *Doubles* e *Phrases*. Bem, parece ser o bastante...

De que maneira você usa o vídeo ao ensaiar uma dança antiga? Você assiste à fita inteira antes de ensaiar?

Eu faço com que os dançarinos assistam à fita, daí eles vêm e experimentam. Assistem de novo, eu assisto, e gradualmente recuperamos a coisa. As fitas ajudam muito. São úteis sobretudo para os dançarinos que conhecem os papéis e não os fazem há um tempo: refrescam a memória deles. Mas podem ajudar até os que nunca fizeram a dança.

Eles conseguem mesmo aprender uma dança por meio da fita?

Não totalmente, mas uma boa parte dela, o formato geral, a qualidade do movimento, onde devem se posicionar. Daí todos temos que trabalhar juntos.

Há muitos clichês a respeito do uso do vídeo. Você pode contar como se interessou por isso e passou a usá-lo?

Uns dez anos atrás me ocorreu que uma conexão íntima entre dança e TV estava fadada a ocorrer, porque a dança é uma arte visual. Assim que se tornou possível assistir ao que fora gravado logo depois da filmagem, percebi que aquilo seria interessante para a dança. Nosso trabalho com vídeo propriamente dito começou com a chegada de Charles Atlas como contrarregra-assistente. Ele havia trabalhado com filmes. Para começar compramos uma câmera, tive que aprender como ligá-la e desligá-la: esse era o meu nível. Começamos a aprender sobre vídeo enquanto fazíamos uma primeira dança que chamamos de *Westbeth* porque foi lá que a fizemos. Àquela altura tínhamos duas câmeras. Cada seção de *Westbeth* continha perguntas sobre vídeo. A primeira, por exemplo, se interessava pela distância variável entre a câmera e cada dançarino, indo de closes a planos gerais. Essas mudanças eram feitas envolvendo movimento de forma que a dança não parasse. Em outra seção, a pergunta era como cortar de uma câmera para outra, fazendo esses cortes nos ritmos da dança de forma a não interromper o seu fluxo; um corte acontece num único instante. Ou mais uma pergunta: como filmar cinco dançarinos, cada um deles fazendo movimentos diferentes em direções diferentes, e manter todos eles de corpo inteiro.

Passamos vários meses lidando com essas perguntas Era o único jeito de nos envolvermos com o vídeo.

Um ano depois me ocorreu que poderíamos transformar *Squaregame* em vídeo. Sempre trabalhamos com antecedência para preparar as gravações, para transpor um dança do palco para a tela. Por exemplo: tivemos que posicionar os sacos na diagonal. Por causa da câmera eles pareciam estar num quadrado, mas na verdade era uma ilusão.

Logo depois dessas primeiras experiências preparamos um programa para uma série de televisão chamada *Dance in America*. Preparamos as cenas aqui, sabendo que elas seriam mudadas quando chegassem a Nashville, o estúdio deles. A gravação em si levou uma semana, com um trabalho de quatro ou cinco semanas antes disso. Queríamos criar algo para a TV. Escolhemos partes do repertório que observamos e repensamos para a televisão. Nem toda dança permite isso. No programa, eu não queria começar falando. Concordei em falar no meio em algum momento, mas tinha que haver dança antes e depois disso, e no final. Uma questão que surge daí é: se você olha para uma tela de televisão e vê alguém nela, e de repente a pessoa aparece em outro lugar, você se perde. Temos que tentar ancorar o que aparece na tela. Tentamos transmitir uma noção de espaço pintando duas paredes de cores diferentes.

Me pergunto se o fato de suas danças não terem uma estrutura linear ajuda na TV ou não. Mesmo estruturas clássicas não são muito bem-feitas na TV, mas com a sua estrutura o problema se torna ainda mais difícil?

Usar o espaço como um campo facilita a mudança de direção da câmera. E o fato de a dança não estar presa a uma música faz com que ela possa ser modificada de todos os jeitos.

A experiência seguinte para nós foi *Blue Studio*, que fizemos num espaço muito pequeno. Se eu levantasse os braços, encostava nas lâmpadas no teto. O chão era de cimento, e tínhamos dois dias para fazer aquilo. Nada do que havíamos planejado aqui funcionou. *Blue Studio* era para um programa de trinta minutos que Nam June Paik me pedira para dividir com ele, cada um de nós com 15 minutos. A princípio eu queria dois dançarinos, mas quando vi o estúdio e as condições, decidi fazer eu mesmo.

Em seguida fizemos *Fractions I*, aqui em Westbeth, que começou como uma obra para vídeo.

Você espera fazer cada vez mais obras para vídeo primeiro e depois para o palco?

Foi o caso com *Fractions I*, mas *Roadrunners* foi feito para um palco específico. Gostaria de transformá-lo em vídeo. O vídeo será usado para gravar todas as danças: fazemos isso de qualquer maneira, para não esquecê-las. Colocamos as câmeras na frente e do lado. *Locale* foi feito para vídeo primeiro e depois para o palco, e as duas versões são bem diferentes. As câmeras selecionam o que você vê, já no palco você vê tudo. Tenho a impressão de que o vídeo vai mudar e se desenvolver bem mais que o filme. Não falta muito tempo para que as telas se tornem melhores e maiores, aí a energia será muito diferente. Dançamos num ginásio certa vez com telas que mostravam uma imagem em tamanho real. Fizemos a dança três vezes, os dançarinos começaram depois da imagem no vídeo, em contraponto em vez de sincronizados com ela. Da terceira vez estavam em sincronia. Foi como um jogo, sensacional. Eu vira isso numa tela pequena e dessa vez a energia geral foi emitida de um jeito totalmente diferente.

Você usa o vídeo com seus dançarinos para criar uma dança?

Não, eles ficariam apenas sentados assistindo, não teríamos tempo de aprender a dança. É preciso aprender não apenas a usar o vídeo, mas também a observá-lo. Na reconstituição de uma dança nós o usamos para facilitar a rememoração de algo que já conhecemos.

LOCALE

. . .

[JACQUELINE LESSCHAEVE]

***Locale* foi criado para vídeo em janeiro de 1979, no estúdio em Westbeth. Desde então você fez uma versão da dança para o palco, e seus dançarinos incluíram partes dela num evento feito em Angers. Gostaria de observar a maneira como você foi levado a fazer *Locale*. Talvez assim possamos avaliar os efeitos do vídeo no seu trabalho enquanto coreógrafo.**

[MERCE CUNNINGHAM]

Visto que essa dança começou como uma dança para vídeo, tivemos que pensar a respeito da câmera desde o começo. Charles Atlas e eu queríamos usar câmeras móveis, coisa que nunca havíamos feito antes. Usamos, portanto, três tipos de câmera: fixa, dolly e grua. Imediatamente, surgiu outro problema: podíamos pagar todos os dançarinos por algumas semanas, ou alguns dançarinos por todas as semanas. Decidimos pagar todos eles por algumas semanas. Então todos estão na primeira seção, a segunda seção tem sete dançarinos, a terceira outros sete, e todos estão na última seção outra vez. Foi assim que a estrutura aconteceu. É como quando as pessoas me perguntavam, anos atrás: "Quantos dançarinos você tem?"; e eu respondia: "Seis. É o que cabe na van." Todos achavam isso engraçado. Mas eu achava perfeitamente razoável.

Daí tive a ideia de que as partes do meio seriam as mais longas (as com sete e sete). Acho que deram mais ou menos 28 minutos, a primeira e a última parte durando uns quatro minutos cada. Não duram exatamente o mesmo tempo porque eu sempre deixo uma margem de manobra.

Então tínhamos a estrutura com a qual trabalhar e comecei a fazer os movimentos. Como a obra foi pensada originalmente para o vídeo, foi feita com a ideia de que seria vista na câmera. Mas as câmeras eram móveis, então quando decidi refazer a dança para o palco surgiu um problema. Com a câmera você seleciona o que mostrar, mas no palco está tudo lá.

Então tive de fazer a seleção para o palco de outro jeito, embora seja basicamente a mesma dança. Todos estão sempre visíveis, dentro do campo da câmera, então tive de acrescentar certas coisas nas situações em que, em vez de estar invisíveis, estavam em posição enquanto outra pessoa se movia.

Eu também queria uma obra em que as mudanças acontecessem muito rápido, porque vemos as coisas rapidamente na televisão, e quis manter isso no palco, manter essa ideia da multiplicidade de imagens acontecendo. Também quis tentar conseguir algo que parecesse se mover e então parasse de maneira abrupta, que se pudesse ver muito rapidamente, captar por um breve instante. Isso não é consistente na obra, mas foi uma das ideias que surgiram do vídeo. O palco, é claro, abre tudo, muda muitíssimo o espaço. Introduzi alguns movimentos de travelling para facilitar as entradas e saídas. Entre as sequências do vídeo os dançarinos podiam sair do campo da câmera e entrar novamente, mas no palco tive de criar algo para que eles passassem de um lugar para outro dançando. Isso parece fazer parte dessa transição entre vídeo e palco. Mas não mudei mais do que o absolutamente necessário.

Por que 28 minutos e por que o título *Locale*?

Ah, isso foi muito rígido. Vem do vídeo. Queríamos fazer um programa de trinta minutos, e perguntamos qual era a natureza de tal programa, digamos, no ambiente nova-iorquino; o Channel Thirteen, o canal apoiado pelo público, disse que eram 28'45'', então a versão em vídeo tem 28'45''. Geralmente, "*locale*" implica um lugar específico. Gosto de palavras, mas quando se trata de títulos gosto de encontrar palavras que deixem a coisa em aberto, que não interfiram de alguma forma, que não pressionem alguém a pensar algo específico. Reparei que ultimamente venho usando títulos bem curtos. No começo eles eram um pouco mais compridos.

Fiquei muito surpresa com o que você disse a respeito do espaço e do tempo, porque ao tentar fazer anotações, ao tentar mais especificamente olhar "dentro do relógio" e entender sua composição, ou eu conseguia acompanhar o agrupamento, o espaçamento, deixando

passar totalmente o ritmo, ou prestava atenção no ritmo, tentando acompanhá-lo, e então deixava passar o agrupamento. [risos] Agora que há o vídeo, isso não vai encorajar muito esse tipo de ginástica! Agora que sabemos quais são as partes de *Locale*, sua duração, o número de dançarinos em cada uma delas, a qualidade geral da dança, seu ritmo; e agora...?

Você quer dizer, o que vem a seguir? Na primeira parte de *Locale* os dançarinos aparecem em duplas e trios. Para cada um deles, eu havia concebido com operações de acaso uma série de posições para as pernas e os braços, dentre umas vinte possibilidades. Havia pensado o que as pernas e os braços de cada pessoa faziam em dado momento, e decidira quem ficaria com quem. Isso tudo antes mesmo de os dançarinos aparecerem. Quando chegou a vez deles, naturalmente, as coisas mudaram, mas isso me deu um jeito de começar. Os duetos e trios duram a primeira seção inteira, que leva exatamente quatro minutos. E também, porque tratava-se de um vídeo, tive que manter em mente, quando estávamos no estúdio, aonde eles iam no espaço, de forma que uma câmera móvel pudesse segui-los. Quando foram para o palco, eles fizeram as mesmas coisas, mas tive de colocá-los em lugares ligeiramente diferentes por causa da relação com as asas, e há algumas repetições que não ocorrem no vídeo.

O material para essa parte, de quatro minutos, está claro. Como você já enfatizou antes, para você a dança é o que vem entre uma coisa e outra, o que leva de um ponto a outro. Em que momento você se encarrega disso e como?

Quando dou deixas aos dançarinos, começo a ver de maneira diferente. Penso, por exemplo: olha, agora seria melhor se Robert Kovich fosse mais devagar, ou mais rápido; ou seria melhor se ele se virasse para outro lado para chegar à posição. Vou peneirando cada coisinha desse jeito. Quando Robert alcança Karole, por exemplo, digo: "Seria melhor se a sua perna ficasse na frente dela em vez de se afastar dela, na mesma posição, mas aí você tem que estar mais próximo dela." Então experimentamos e vemos, com paciência. Às vezes não funciona porque é fisicamente impossível. Você vê como chegar de um ponto a outro ao dançar, você descobre através da dança. E às vezes acontecia de um dos dançarinos fazer alguma outra coisa que funcionava muito bem naquela circunstância. Depois de encontrar algumas possibilidades de ir de uma posição à outra, o passo seguinte é resolver as possibilidades rítmicas de forma que você não aceite, simplesmente, digamos assim, a primeira coisa que lhe passa pela cabeça, mas veja se há outras maneiras. Às vezes o ritmo é ditado pela natureza do movimento e não pode ser feito de outra forma. Mas com muita frequência há outras possibilidades, então eu trabalhava com elas. O ritmo é ditado sobretudo pela qualidade do movimento, mas às vezes também por onde alguém precisa estar em dado momento com relação a outro grupo de dançarinos.

As limitações espaciais são claras: dependem do que a câmera vai conseguir filmar. Nesse caso, as possibilidades são dadas por diversas câmeras, que focam no espaço de maneira diferente. Então comecei a isolar os dançarinos em duplas e trios de forma que a câmera pudesse passar de um a outro. Grupos de pessoas grandes o bastante para formar uma imagem, pequenos o bastante para que a câmera pudesse se aproximar, chegar bem perto, dando a qualidade específica do close. E também é preciso prestar atenção no tamanho da pessoa que vai ocupar a câmera: o que funciona, o que pode funcionar. Elaborei uma série de posições para os braços. Se, durante a filmagem, uma delas não funcionava, o dançarino podia fazer outra. Se os braços estavam totalmente esticados, os dois não podiam aparecer na câmera totalmente, então um dos braços ficava dobrado, o que permitia que o dançarino inteiro aparecesse no vídeo. Eu criara uma gama de posições, todas feitas para que, se uma não funcionasse, pudesse ser substituída por outra. Tive que resolver isso para cada dançarino. Para cada um deles havia uma continuidade distinta de posições tanto dos braços como das pernas. Isso foi feito com meios de acaso. No palco, ao contrário do vídeo, a dinâmica não depende da câmera, está no visual da dança. Quando os dançarinos terminam uma sequência, você tem que decidir se correm para fora do palco ou se param, ou se continuam a fazer o tipo de movimento que estavam fazendo. Com a câmera, você pode simplesmente mudar. Em certo momento de *Locale* há 14 dançarinos no palco. Tendo de fazer uma mudança abrupta para uma sequência que só envolvia quatro deles, fui obrigado a manter dez perto das asas, de forma que a mudança de 14 para quatro pudesse acontecer abruptamente.

Nas suas coreografias, você integrou muito dos conhecimentos trazidos pelas técnicas visuais, desenvolvidos tanto por filmes como pela TV e o vídeo. Ao fazer isso, inventou equivalentes para o palco do close, das transições e das trocas de câmera. Ainda não vi nenhum outro coreógrafo tão consciente de tais coisas, e fazendo-as tanto.

As pessoas vêm assistindo a filmes há muitos anos. Estão perfeitamente acostumadas com isso agora, e não há razão para não tentar explorá-lo. Me parece razoável, já que isso existe nos filmes. Não seria a mesma coisa no palco, é claro, mas traz a ele uma outra noção de espaço. De certa forma, isso abre o espaço convencional do palco.

Como você escolhe os programas?

Formar um programa tem tanto um aspecto convencional quanto um aspecto não convencional. Se deve ser um programa de repertório, isso significa danças com intervalos. Primeiro, tenho uma tendência a querer garantir que todos dancem. Daí tento criar um tipo de programa que funcione no que diz respeito à energia dos dançarinos e à dança que vem primeiro. Esse é o jeito convencional. Por outro lado, mesmo num programa convencional, se fazemos uma dança como *Changing Steps*, que pode incluir todos eles, ou só a metade — porque é flexível, chama-se *Changing Steps* —, há trechos que fazemos ou não, de acordo com a situação, dependendo do espaço, das pessoas etc... Por exemplo, Lisa Fox, uma das dançarinas, estava com um dedo do pé dolorido — o tinha torcido —, então tentamos estabelecer o que ela podia e não podia fazer. Podia participar da segunda dança, mas não estaria em *Torse* porque eu podia deixá-la de fora. Não teve problema, e também deixei-a de fora de *Changing Steps*. É uma questão prática, mas isso também tem de ser levado em consideração no programa. A dança que fizemos ontem foi *Locale*. Não tivemos chances de apresentá-la antes disso, então coloco-a nos Eventos para os dançarinos, para que a gente não esqueça. Ainda não temos a música. A única coisa que temos é a dança. Vamos fazer um Evento em Angers e, embora eu tenha uma ideia geral, espero para ver as instalações, o espaço, antes de decidir o que fazer. Espero mesmo até ver, porque com frequência já tive uma ideia mais específica, mas cheguei no lugar e vi que aquilo nunca funcionaria, e acabei tendo que mudar tudo. Agora eu simplesmente espero. Sei qual é a massa de material de maneira geral, mas o que vamos fazer exatamente e em que ordem, deixo para o momento, espero para ver. Essa é a parte não convencional! [risos]

OBRAS DE MERCE CUNNINGHAM

SEEDS OF BRIGHTNESS | Sementes de brilho
Coreografada com Jean Erdman
[música] Norman Lloyd [cenário] Charlotte Trowbridge
[1ª performance] Bennington, 1º de agosto de 1942

CREDO IN US | Credo nos EUA
Coreografada com Jean Erdman
[música] John Cage [cenário] Charlotte Trowbridge [bailarinos] MC, Jean Erdman
[1ª performance] Bennington, 1º de agosto de 1942

AD LIB | Ad Lib
Coreografada com Jean Erdman
[música] Gregory Tucker | John Cage 1943 [cenário] Charlotte Trowbridge
[bailarinos] MC, Jean Erdman
[1ª performance] Bennington, 1º de agosto de 1942

RENAISSANCE TESTIMONIALS | Depoimentos da Renascença
[música] Maxwell Powers [cenário] Charlotte Trowbridge [bailarinos] Solo MC
[1ª performance] Bennington, 1º de agosto de 1942

TOTEM ANCESTOR | Totem ancestral
[música] John Cage [cenário] Charlotte Trowbridge [bailarinos] Solo MC
[1ª performance] Nova York, 20 de outubro de 1942

IN THE NAME OF THE HOLOCAUST | Em nome do Holocausto
[música] John Cage [cenário] MC [bailarinos] Solo MC
[1ª performance] Chicago, 14 de fevereiro de 1943

SHIMMERA | Shimmera
[música] John Cage [cenário] MC [bailarinos] Solo MC
[1ª performance] Chicago, 14 de fevereiro de 1943

THE WIND REMAINS | Relíquias do vento
Zarzuela em um ato baseada em Federico García Lorca
[música] Paul Bowles [cenário] Oliver Smith, Kermit Love
[bailarinos] MC, Jean Erdman, entre outros
[1ª performance] Nova York, 30 de março de 1943

TRIPLE-PACED | Triplo andamento
[música] John Cage [cenário] MC [bailarinos] Solo MC
[1ª performance] Nova York, 5 de abril de 1944

ROOT OF AN UNFOCUS | Raiz de um desfoco
[música] John Cage [cenário] MC [bailarinos] Solo MC
[1ª performance] Nova York, 5 de abril de 1944

TOSSED AS IT IS UNTROUBLED | Tão atirável quanto imperturbável
[música] John Cage [cenário] MC [bailarinos] Solo MC
[1ª performance] Nova York, 5 de abril de 1944

SPONTANEOUS EARTH | Terra espontânea
[música] John Cage [cenário] MC [bailarinos] Solo MC
[1ª performance] Nova York, 5 de abril de 1944

FOUR WALLS | Quatro paredes
Uma peça de dança por MC
[música] John Cage [cenário] Arch Lauterer [bailarinos] MC, Julie Harris, entre outros
[1ª performance] Steamboat Springs, 22 de agosto de 1944

IDYLLIC SONG | Canção idílica
[música] Erik Satie | arr. John Cage [cenário] MC [bailarinos] Solo MC
[1ª performance] Richmond, 20 de novembro de 1944

MYSTERIOUS ADVENTURE | Aventura misteriosa
[música] John Cage [cenário] segundo David Hare [bailarinos] Solo MC
[1ª performance] Nova York, 9 de janeiro de 1945

EXPERIENCES | Experiências
[música] John Cage, Livingston Gearhart [cenário] MC [bailarinos] Solo MC
[1ª performance] Nova York, 9 de janeiro de 1945

THE ENCOUNTER | O encontro
[música] John Cage [cenário] MC [bailarinos] Solo MC
[1ª performance] Nova York, 12 de maio de 1946

INVOCATION TO VAHAKN | Invocação a Vahakn
[música] Alan Hovhaness [cenário] MC [bailarinos] Solo MC
[1ª performance] Nova York, 12 de maio de 1946

FAST BLUES | Blues rápidos
[música] Baby Dodds [cenário] MC [bailarinos] Solo MC
[1ª performance] Nova York, 12 de maio de 1946

THE PRINCESS ZONDILDA AND HER ENTOURAGE
A princesa Zondilda e seu séquito
[música] Alexei Haieff [cenário] MC [bailarinos] MC, Virginia Bosler, Katherine Litz
[1ª performance] Nova York, 12 de maio de 1946

THE SEASONS | As estações
[música] John Cage [cenário] Isamu Noguchi [bailarinos] Ballet Society com MC
[1ª performance] Nova York, 18 de maio de 1947

THE OPEN ROAD | A estrada aberta
[música] Lou Harrison [cenário] MC [bailarinos] Solo MC
[1ª performance] Nova York, 14 de dezembro de 1947

DROMENON | Dromenon
[música] John Cage [cenário] Sonja Sekula, MC [bailarinos] MC e grupo
[1ª performance] Nova York, 14 de dezembro de 1947

DREAM | Sonho
[música] John Cage [cenário] MC [bailarinos] Solo MC
[1ª performance] Columbia, 8 de maio de 1948

THE RUSE OF MEDUSA | A armadilha de Medusa
uma comédia lírica em um ato por Erik Satie,
traduzida por MC Richards, dirigida por Arthur Penn
[música] Erik Satie [cenário] Willem e Elaine de Kooning
[bailarinos] Mary Outten, MC, entre outros
[1a performance] Black Mountain, 14 de agosto de 1948

A DIVERSION | Uma diversão
também em versões quarteto e solo
[música] John Cage [cenário] Mary Outten, MC
[bailarinos] MC, Sara Hamill, Louise Lippold
[1ª performance] Black Mountain, 20 de agosto de 1948

ORESTES | Orestes
[música] John Cage [cenário] MC [bailarinos] Solo MC
[1ª performance] Black Mountain, 20 de agosto de 1948

THE MONKEY DANCES | Dança dos macacos
Baseada em *The Ruse of Medusa*
[música] Erik Satie [cenário] Mary Outten, Richard Lippold, MC [bailarinos] Solo MC
[1ª performance] Black Mountain, 20 de agosto de 1948

EFFUSIONS AVANT L'HEURE | Efusões antes da hora
mais tarde reintitulada *Games and Trio*
[música] John Cage [bailarinos] MC, Tanaquil Le Clerq, Betty Nichols
[1ª performance] Paris, verão de 1949

TWO STEP | Passo dois
[música] Erik Satie [cenário] MC [bailarinos] Solo MC
[1ª performance] Nova York, 18 de dezembro de 1949

POOL OF DARKNESS | Poço de escuridão
[música] Ben Weber [cenário] MC
[bailarinos] MC, Dorothy Berea, Mili Churchill, Anneliese Widman
[1ª performance] Nova York, 15 de janeiro de 1950

BEFORE DAWN | Antes do amanhecer
[cenário] MC [bailarinos] Solo MC
[1ª performance] Nova York, 15 de janeiro de 1950

WALTZ | Valsa
[música] Erik Satie [bailarinos] Grupo de alunos
[1ª performance] Baton Rouge, 27 de junho de 1950

RAG-TIME PARADE | Desfile Rag-Time
Reencenada por MC e Companhia, 1950
[música] Erik Satie [bailarinos] Grupo de alunos
[1ª performance] Baton Rouge, 27 de junho de 1950

WALTZ | Valsa
[música] Erik Satie [bailarinos] Solo MC
[1ª performance] Nova York, 14 de novembro de 1950

SIXTEEN DANCES FOR SOLOIST AND COMPANY OF THREE
Dezesseis danças para solista e companhia de três
[música] John Cage [cenário] Eleanor de Vito, John Cage, Remy Charlip, MC
[bailarinos] MC, Dorothy Berea, Mili Churchill, Anneliese Widman
[1ª performance] Millbrook, 17 de janeiro de 1951

VARIATION | Variação
[música] Morton Feldman [cenário] MC [bailarinos] Solo MC
[1ª performance] Seattle, 12 de abril de 1951

BOY WHO WANTED TO BE BIRD | Menino que queria ser pássaro
[bailarinos] Solo MC
[1ª performance] Martha's Vineyard, verão de 1951

SUITE OF SIX SHORT DANCES | Suíte de seis danças curtas
[música] Recorder pieces [bailarinos] Solo MC
[1ª performance] Black Mountain, primavera de 1951

EXCERPTS FROM SYMPHONIE POUR UN HOMME SEUL
Trechos de *Sinfonia para um homem só*
Reencenada por MC e sua companhia de dança, 1953, sob o título *Collage*
[música] Pierre Schaeffer com Pierre Henry [bailarinos] MC e grupo
[1ª performance] Waltham, 14 de junho de 1952

LES NOCES | As bodas
[música] Igor Stravinsky [cenário] Howard Bay
[bailarinos] MC, Natanya Neumann e grupo
[1ª performance] Waltham, 14 de junho de 1952

THEATER PIECE BY JOHN CAGE | Peça de teatro de John Cage
[poesia] Charles Olson e MC Richards [filme] Nicholas Cernovitch
[música] David Tudor [cenário] Robert Rauschenberg [bailarinos] MC
[1ª performance] Black Mountain, verão de 1952

SUITE BY CHANCE | Suíte por acaso
[música] Christian Wolff [cenário] Remy Charlip [bailarinos] MCDC
[1ª performance] Urbana, 24 de março de 1953

SOLO SUITE IN SPACE AND TIME | Suíte Solo no espaço e no tempo
[música] John Cage [cenário] MC [bailarinos] Solo MC
[1ª performance] Baton Rouge, 23 de junho de 1953

DEMONSTRATION PIECE | Peça de demonstração
[bailarinos] Grupo de alunos
[1ª performance] Baton Rouge, 23 de junho de 1953

EPILOGUE | Epílogo
[música] Erik Satie [bailarinos] Grupo de alunos
[1ª performance] Baton Rouge, 23 de junho de 1953

BANJO | Banjo
[música] Louis Moreau Gottschalk [cenário] Remy Charlip [bailarinos] MCDC
[1ª performance] Black Mountain, 21 de agosto de 1953

DIME A DANCE | Uma moeda por uma dança
[música] música de piano do século XIX
selecionada por David Tudor
[cenário] Remy Charlip [bailarinos] MCDC
[1ª performance] 21 de agosto de 1953

SEPTET | Septeto
Reencenada por Rambert Dance Company, 1987
Pacific Northwest Ballet, 1989
[música] Erik Satie [cenário] Remy Charlip [bailarinos] MCDC
[1ª performance] Black Mountain, 22 de agosto de 1953

UNTITLED SOLO | Solo sem título
[música] Christian Wolff [cenário] MC [bailarinos] Solo MC
[1ª performance] Black Mountain, 22 de agosto de 1953

FRAGMENTS | Fragmentos
[música] Pierre Boulez [cenário] Remy Charlip [bailarinos] MCDC
[1ª performance] Nova York, 30 de dezembro de 1953

MINUTIAE | Minúcias
[música] John Cage [cenário] Robert Rauschenberg [bailarinos] MCDC
[1ª performance] Brooklyn, 8 de dezembro de 1954

SPRINGWEATHER AND PEOPLE | A primavera e as pessoas
[música] Earle Brown [cenário] Remy Charlip | Robert Rauschenberg 1957
[bailarinos] MCDC
[1ª performance] Annandale-on-Hudson, 24 de maio de 1955

GALAXY | Galáxia
[música] Earle Brown [cenário] Remy Charlip [bailarinos] MCDC
[1ª performance] South Ben, 18 de maio de 1956

LAVISH ESCAPADE | Incursão opulenta
[música] Christian Wolff [cenário] MC [bailarinos] Solo MC
[1ª performance] South Ben, 18 de maio de 1956

SUITE FOR FIVE IN SPACE AND TIME [later called Suite for Five]
Suíte para cinco no espaço e tempo [depois chamada Suíte para cinco]
[música] John Cage [cenário] Robert Rauschenberg [bailarinos] MCDC
[1ª performance] South Ben, 18 de maio de 1956

NOCTURNES | Noturnos
[música] Erik Satie [cenário] Robert Rauschenberg [bailarinos] MCDC
[1ª performance] Jacob's Pillow, 11 de julho de 1956

CHANGELING
[música] Christian Wolff [cenário] Robert Rauschenberg [bailarinos] Solo MC
[1ª performance] Brooklyn, 30 de novembro de 1957

LABYRINTHIAN DANCES | Danças labirínticas
[música] Josef Matthias Hauer [cenário] Robert Rauschenberg [bailarinos] MCDC
[1ª performance] Brooklyn, 30 de novembro de 1957

PICNIC POLKA | Polca Piquenique
[música] Louis Moreau Gottschalk [cenário] Remy Charlip [bailarinos] MCDC
[1ª performance] Brooklyn, 30 de novembro de 1957

ANTIC MEET | Encontro divertido
[música] John Cage [cenário] Robert Rauschenberg [bailarinos] MCDC
[1ª performance] Nova Londres, 14 de agosto de 1958

SUMMERSPACE | Espaço de verão
Reencenada pelo New York City Ballet, 1966; Cullberbaletten, 1967;
Boston Ballet, 1974; Théâtre du Silence, 1976
[música] Morton Feldman [cenário] Robert Rauschenberg [bailarinos] MCDC
[1ª performance] Nova Londres, 17 de agosto de 1958

NIGHT WANDERING | Passeio noturno
Reencenada por 5 by 2 Plus, 1977
[música] Bo Nilsson [cenário] Nicholas Cervenovitch | Robert Rauschenberg 1960
[bailarinos] MC, Carolyn Brown
[1ª performance] Estocolmo, 5 de outubro de 1958

FROM THE POEMS OF WHITE STONE | Dos poemas da Pedra Branca
[música] Chou Wen-Chung, poemas de Chiang Kuei
[cenário] Robert Rauschenberg [bailarinos] MCDC
[1ª performance] Urbana, 14 de março de 1959

GAMBIT FOR DANCERS AND ORCHESTRA | Manobra para dançarinos e orquestra
[música] Ben Johnston [cenário] Robert Rauschenberg [bailarinos] MCDC
[1ª performance] Urbana, 14 de março de 1959

RUNE | Runa
[música] Christian Wolff [cenário] Robert Rauschenberg | Mark Lancaster 1983
[bailarinos] MCDC
[1ª performance] Nova Londres, 14 de agosto de 1959

THEATER PIECE | Peça de teatro
[música] John Cage [cenário] [bailarinos] MC, Carolyn Brown
[1ª performance] Nova York, 7 de março de 1960

CRISES | Crises
[música] Conlon Nancarrow [cenário] Robert Rauschenberg [bailarinos] MCDC
[1ª performance] Nova Londres, 19 de agosto de 1960

HANDS BIRDS | Mãos pássaros
[música] Earle Brown [cenário] Robert Rauschenberg [bailarinos] Carolyn Brown
[1ª performance] Veneza, 24 de setembro de 1960

WAKA
[música] Toshi Ichiyanagi [cenário] Robert Rauschenberg
[bailarinos] Carolyn Brown

MUSIC WALK WITH DANCERS | Passeio de música com dançarinos
[música] John Cage [cenário] Robert Rauschenberg [bailarinos] MC, Carolyn Brown
[1ª performance] Veneza, 24 de setembro de 1960

AEON
[música] John Cage [cenário] Robert Rauschenberg [bailarinos] MCDC
[1ª performance] Montreal, 5 de agosto de 1961

FIELD DANCES | Danças de campo
[música] John Cage [cenário] Robert Rauschenberg | Remy Charlip 1967 [bailarinos] MCDC
[1ª performance] Los Angeles, 17 de junho de 1963

STORY | História
[música] Toshi Ichiyanagi [cenário] Robert Rauschenberg [bailarinos] MCDC
[1ª performance] Los Angeles, 24 de julho de 1963

OPEN SESSION | Sessão aberta
[cenário] MC [bailarinos] Solo MC
[1ª performance] Hartford, 19 de março 1964

PAIRED | Emparelhado
[música] John Cage [cenário] Robert Rauschenberg [bailarinos] MC, Viola Farber
[1ª performance] Hartford, 21 de março de 1964

WINTERBRANCH | Ramo de inverno
Reencenada por Boston Ballet, 1974
[música] La Monte Young [cenário] Robert Rauschenberg [bailarinos] MCDC
[1ª performance] Hartford, 21 de março de 1964

CROSS CURRENTS | Correntes cruzadas
Reencenada por US Terpsichore, 1980; Werkcentrum-Dans Rotterdam, 1984
[música] Conlon Nancarrow, arr. John Cage
Nova partitura de John Cage, outubro de 1964
[cenário] MC [bailarinos] MCDC
[1ª performance] Londres, 31 de julho de 1964

MUSEUM EVENT Nº 1 | FOLLOWED BY MANY OTHERS
Evento de museu nº 1 | seguido de muitos outros
[cenário] Robert Rauschenberg [bailarinos] MCDC
[1ª performance] Viena, 1964

VARIATIONS V | Variações V
[música] John Cage [filme] Stan VanDerBeek [imagens de TV] Naim June Paik
[bailarinos] MCDC
[1ª performance] Nova York, 23 de julho de 1965

HOW TO PASS, KICK, FALL AND RUN | Como passar, chutar, cair e correr
[música] John Cage [bailarinos] MCDC
[1ª performance] Chicago, 24 de novembro de 1965

PLACE | Lugar
[música] Gordon Mumma [cenário] Beverly Emmons [bailarinos] MCDC
[1ª performance] Saint-Paul de Vence, 6 de agosto de 1966

SCRAMBLE | Embaralhado
[música] Toshi Ichiyanagi [cenário] Frank Stella [bailarinos] MCDC
[1ª performance] Chicago, 25 de julho de 1967

RAINFOREST | FlorestaTropical
[música] David Tudor [cenário] Andy Warhol [bailarinos] MCDC
[1ª performance] Buffalo, 9 de março de 1968

WALKAROUND TIME | Passeio ao redor do tempo
[música] David Behrman [cenário] após Marcel Duchamp [bailarinos] MCDC
[1ª performance] 10 de março de 1968

CANFIELD
[música] Pauline Oliveros [cenário] Robert Morris [bailarinos] MCDC
[1ª performance] Rochester, 4 de março de 1969

TREAD | Trilho
[música] Christian Wolff [cenário] Bruce Nauman [bailarinos] MCDC
[1ª performance] Brooklyn, 5 de janeiro de 1970

SECOND HAND | Segunda mão
[música] John Cage [cenário] Jasper Johns [bailarinos] MCDC
[1ª performance] Brooklyn, 8 de janeiro de 1970

SIGNALS | Sinais
Reencenada por Ohio Ballet, 1981
[música] David Tudor, Gordon Mumma, John Cage [cenário] Richard Nelson, MC
[bailarinos] MCDC
[1ª performance] Paris, 5 de junho de 1970

OBJECTS | Objetos
[música] Alvin Lucier [cenário] Neil Jenney [bailarinos] MCDC
[1ª performance] Brooklyn, 10 de novembro de 1970

LOOPS | Laços
[música] Gordon Mumma [cenário] Jasper Johns [bailarinos] Solo MC
[1ª performance] Nova York, 3 de dezembro de 1971

LANDROVER
[música] John Cage, Gordon Mumma, David Tudor [cenário] Jasper Johns
[bailarinos] MCDC
[1ª performance] Brooklyn, 1º de fevereiro de 1972

TV RERUN | Reprise de TV
[música] Gordon Mumma [cenário] Jasper Johns [bailarinos] MCDC
[1ª performance] Brooklyn, 2 de fevereiro de 1972

BORST PARK | Parque Borst
[música] Christian Wolff [cenário] The Company [bailarinos] MCDC
[1ª performance] Brooklyn, 8 de fevereiro de 1972

UN JOUR OU DEUX | Um dia ou dois
[música] John Cage [cenário] Jasper Johns [bailarinos] Paris Opéra Ballet
[1ª performance] Paris, 6 de novembro de 1973

EXERCISE PIECE | Peça de exercício
[cenário] Mark Lancaster [bailarinos] MCDC
[1ª performance] Nova York, 14 de fevereiro de 1975

REBUS | Rébus
[música] David Behrman [cenário] Mark Lancaster [bailarinos] MCDC
[1ª performance] Detroit, 7 de março de 1975

CHANGING STEPS | Passos cambiantes
Reencenada por Théâtre du Silence, 1979; Purchase Dance Corps, 1987 |
Versão em vídeo dirigida por Elliot Caplan e MC, 1988
[música] John Cage [cenário] Charles Atlas | Mark Lancaster 1978
[bailarinos] MCDC
[1ª performance] Detroit, 7 de março de 1975

SOLO | Solo
[música] John Cage [cenário] Sonja Sekula [bailarinos] Solo MC
[1ª performance] Detroit, 8 de março de 1975

SOUNDDANCE | Dança-som
[música] David Tudor [cenário] Mark Lancaster [bailarinos] MCDC
[1ª performance] Detroit, 8 de março de 1975

TORSE | Torso
[música] Maryanne Amacher [cenário] Mark Lancaster [bailarinos] MCDC
[1ª performance] Princeton, 15 de janeiro de 1976

SQUAREGAME | Jogo quadrado
[música] Takehisa Kosugi [cenário] Mark Lancaster [bailarinos] MCDC
[1ª performance] Adelaide, 24 de março de 1976

TRAVELOGUE | Registro de viagens
[música] John Cage [cenário] Robert Rauschenberg [bailarinos] MCDC
[1ª performance] Nova York, 18 de janeiro de 1977

INLETS | Entradas
Nova versão, Inlets 2, 1983, reencenada pelo Paris Opera Ballet, 1983;
Concert Dance Company of Boston, 1985;
Sharir Dance Company, 1988
[música] John Cage [cenário] Robert Rauschenberg [bailarinos] MCDC
[1ª performance] Seattle, 10 de setembro de 1977

FRACTIONS | Frações
Uma obra para vídeo dirigida por Charles Atlas e MC | versão para palco 1978
[música] Jon Gibson [cenário] Mark Lancaster [bailarinos] MCDC
[1ª performance] Nova York, nov-dez de 1977

EXERCISE PIECE | Peça de exercício I
[música] Meredith Monk I [cenário] Suzanne Joalson [bailarinos] MCDC
[1ª performance] Nova York, 25 de março de 1978

EXERCISE PIECE II | Peça de exercício II
[música] John Cage [cenário] Mark Lancaster [bailarinos] MCDC
[1ª performance] Toronto, 18 de agosto de 1978

EXCHANGE | Troca
[música] David Tudor [cenário] Jasper Johns [bailarinos] MCDC
[1ª performance] Nova York, 27 de setembro de 1978

TANGO | Tango
[música] John Cage [cenário] Mark Lancaster [bailarinos] Solo MC
[1ª performance] Nova York, 5 de outubro de 1978

LOCALE | Local
Videodança dirigida por Charles Atlas & MC | versão para palco 1979
[música] Takehisa Kosugi [cenário] Charles Atlas [bailarinos] MCDC
[1ª performance] Nova York, jan-fev de 1979

ROADRUNNERS | Corredores de estrada
[música] Yasunao Tone [cenário] Mark Lancaster [bailarinos] MCDC
[1ª performance] Durham, 19 de julho de 1979

EXERCISE PIECE III | Peça de exercício III
[música] John Cage [cenário] Mark Lancaster [bailarinos] MCDC
[1ª performance] Nova York, 23 de fevereiro de 1980

DUETS | Duetos
Reencenada pelo American Ballet Theater, 1982
[música] John Cage [cenário] Mark Lancaster [bailarinos] MCDC
[1ª performance] Nova York, 26 de fevereiro de 1980

FIELDING SIXES | Seis em campo
Reencenada pelo Ballet Rambert, 1983
[música] John Cage
[cenário] Monika Fullemann | Mark Lancaster [bailarinos] MCDC
[1ª performance] Londres, 30 de junho de 1980

CHANNELS/INSERTS | Canais/Inserções
Videodança dirigida por Charles Atlas e MC | Versão para palco 1981
[música] David Tudor [cenário] Charles Atlas [bailarinos] MCDC
[1ª performance] Nova York, janeiro de 1981

TENS WITH SHOES | Dez com sapatos
[música] Martin Kalve [cenário] Mark Lancaster [bailarinos] MCDC
[1ª performance] Nova York, 17 de março de 1981

GALLOPADE | Galope
[música] Takehisa Kosugi [cenário] Mark Lancaster [bailarinos] MCDC
[1ª performance] Londres, 10 de junho de 1981

TRAILS | Trilhas
[música] John Cage [cenário] Mark Lancaster [bailarinos] MCDC
[1ª performance] Nova York, 16 de março de 1982

QUARTET | Quarteto
[música] David Tudor [cenário] Mark Lancaster [bailarinos] MCDC
[1ª performance] Paris, 27 de outubro de 1982

COAST ZONE | Zona costeira
Videodança dirigida por Charles Atlas & MC, versão para palco 1983
[música] Larry Austin, Mark Lancaster [cenário] Charles Atlas [bailarinos] MCDC
[1ª performance] Nova York, janeiro de 1983

ROARATORIO | Urratório
[música] John Cage [cenário] Mark Lancaster [bailarinos] MCDC
[1ª performance] Lille-Roubaix, 26 de outubro de 1983

PICTURES | Imagens
[música] Mark Lancaster [cenário] David Behrman [bailarinos] MCDC
[1ª performance] Nova York, 6 de março de 1984

DOUBLES | Duplos
Reencenada por Rambert Dance Company, 1990
[música] Takehisa Kosugi [cenário] Mark Lancaster [bailarinos] MCDC
[1ª performance] Durham, 28 de junho de 1984

PHRASES | Frases
[música] David Tudor [cenário] William Anastasi, Dove Bradshaw [bailarinos] MCDC
[1ª performance] Angers, 7 de dezembro de 1984

DELI COMMEDIA
Videodança dirigida por Elliot Caplan
[música] Pat Ritcher [cenário] Dove Bradshaw [bailarinos] Grupo de alunos
[1ª performance] Nova York, 1985

NATIVE GREEN | Verde nativo
[música] John King [cenário] William Anastasi [bailarinos] MCDC
[1ª performance] Nova York, 12 de março de 1985

ARCADE | Arcádia
Reencenada por MCDC
[música] John Cage [cenário] Dove Bradshaw [bailarinos] Pennsylvania Balet
[1ª performance] Filadélfia, 11 de setembro de 1985

GRANGE EVE | Granja Eva
[música] Takehisa Kosugi [cenário] William Anastasi [bailarinos] MCDC
[1ª performance] Nova York, 18 de março de 1986

POINTS IN SPACE | Pontos no espaço
videodança dirigida por Elliot Caplan e MC | Versão para palco 1987
Reencenada pelo Paris Opera Ballet, 1990
[música] John Cage [cenário] William Anastasi [bailarinos] MCDC
[1ª performance] Londres, maio de 1986

FABRICATIONS | Fabricações
[música] Emanuel de Melo Pimenta [cenário] Dove Bradshaw [bailarinos] MCDC
[1ª performance] Minneapolis, 21 de fevereiro de 1987

SHARDS | Cacos
[música] David Tudor [cenário] William Anastasi [bailarinos] MCDC
[1ª performance] Nova York, 4 de março de 1987

CAROUSAL | Noitada
[música] Takehisa Kosugi [cenário] Dove Bradshaw [bailarinos] MCDC
[1ª performance] Jacob's Pillow, 18 de agosto de 1986

ELEVEN | Onze
[música] Robert Ashley [cenário] William Anastasi [bailarinos] MCDC
[1ª performance] Nova York, 9 de março de 1988

FIVE STONE | Pedra cinco
[música] John Cage | David Tudor [cenário] Mark Lancaster [bailarinos] MCDC
[1ª performance] Berlim, 17 de junho de 1988

FIVE STONE WIND | Vento pedra cinco
[música] John Cage, Takehisa Kosugi, David Tudor [cenário] Mark Lancaster
[bailarinos] MCDC
[1ª performance] Avignon, 30 de julho de 1988

CARGO X | Carga X
[música] Takehisa Kosugi [cenário] Dove Bradshaw [bailarinos] MCDC
[1ª performance] Austin, 27 de janeiro de 1989

FIELD AND FIGURES | Campo e figuras
[música] Ivan Tcherepnin [cenário] Kristin Jones, Andrew Ginzel [bailarinos] MCDC
[1ª performance] Minneapolis, 17 de fevereiro de 1989

AUGUST PACE | Andamento de agosto
[música] Michael Pugliese [cenário] Afrika (Sergei Bugaev) [bailarinos] MCDC
[1ª performance] Berkeley, 22 de setembro de 1989

INVENTIONS | Invenções
[música] John Cage [cenário] Carl Kielblock [bailarinos] MCDC
[1ª performance] Berkeley, 23 de setembro de 1989

POLARITY | Polaridade
[música] David Tudor [cenário] William Anastasi, Merce Cunningham
[bailarinos] MCDC
[1ª performance] Nova York, 20 de março de 1990

NEIGHBORS | Vizinhos
[música] Takehisa Kosugi [cenário] Mark Lancaster [bailarinos] MCDC
[1ª performance] Nova York, 12 de março de 1991

TRACKERS | Rastreadores
[música] Emanuel de Melo Pimenta [cenário] Dove Bradshaw [bailarinos] MCDC
[1ª performance] Nova York, 19 de março de 1991

BEACH BIRDS | Pássaros da praia
[música] John Cage [cenário] Marsha Skinner [bailarinos] MCDC
[1ª performance] Zurique, 19 de junho de 1991

LOOSESTRIFE | Salgueirinha
[música] Michael Pugliese [cenário] Carl Kielblock [bailarinos] MCDC
[1ª performance] Paris, 9 de setembro de 1991

CHANGE OF ADRESS | Mudança de endereço
[música] Walter Zimmermann, letra de Meister Eckhart
[cenário] Marsha Skinner [bailarinos] MCDC
[1ª performance] Austin, 30 de janeiro de 1992

ENTER | Entre
[música] David Tudor [cenário] Elliot Caplan, Marsha Skinner [bailarinos] MCDC
[1ª performance] Paris, 16 de novembro de 1992

DOUBLETOSS | Arremesso duplo
[música] Takehisa Kosugi [cenário] Aaron Copp, Merce Cunningham
[bailarinos] MCDC
[1ª performance] Minneapolis, 25 de fevereiro de 1993

TOUCHBASE | Base de contato
[música] Michael Pugliese [cenário] Mark Lancaster [bailarinos] MCDC
[1ª performance] Nova York, 9 de março de 1993

CRWDSPCR
[música] John King [cenário] Mark Lancaster [bailarinos] MCDC
[1ª performance] Durham, 14 de julho de 1993

BREAKERS | Quebradores
[música] John Driscoll [cenário] Mary Jean Kenton [bailarinos] MCDC
[1ª performance] Nova York, 8 de março de 1994

OCEAN | Oceano
[música] Andrew Culver, David Tudor [cenário] Marsha Skinner [bailarinos] MCDC
[1ª performance] Bruxelas, 17 de maio de 1994

4'33"
[música] John Cage [bailarinos] MCDC
[1ª performance] Nova York, 14 de julho de 1994

GROUND LEVEL OVERLAY | Revestimento de solo
[música] Stuart Dempster [cenário] Leonardo Drew [bailarinos] MCDC
[1ª performance] Nova York, 7 de março de 1995

WINDOWS | Janelas
[música] Emanuel de Melo Pimenta [cenário] John Cage [bailarinos] MCDC
[1ª performance] Montpellier, 22 de junho de 1995

TUNE IN/SPIN OUT | Sintonizar/Rodopiar
[música] John Cage [figurino] Suzanne Gallo [bailarinos] MCDC
[1ª performance] Austin, 30 de janeiro de 1996

INSTALLATIONS | Instalações
[música] Trimpin [cenário] Elliot Caplan [bailarinos] MCDC
[1ª performance] Seattle, 1º de maio de 1996

RONDO
[música] John Cage [figurino] Suzzane Gallo[bailarinos] MCDC
[1ª performance] Ludwisburg, 1º de junho de 1996

SCENARIO | Cenário
[música] Takehisa Kosugi [cenário] Takao Kawasaki [bailarinos] MCDC
[1ª performance] Nova York, 13 de outubro de 1997

BIPED | Bípede
[música] Gavin Bryars [cenário] Shelley Eshkar, Paul Kaiser [bailarinos] MCDC
[1ª performance] Berkeley, 12 de abril de 1999

OCCASION PIECE | Peça de acaso
[música] John Cage [cenário] Jasper Johns
[bailarinos] Mikhail Baryshnikov, Merce Cunningham
[1ª performance] Nova York, 20 de julho de 1999

INTERSCAPE | Interescapada
[música] John Cage [cenário] Robert Rauschenberg [bailarinos] MCDC
[1ª performance] Washington, 5 de abril de 2000

WAY STATION | Estação do caminho
[música] Takehisa Kosugi [cenário] Charles Long [figurino] James Hall
[1ª performance] Nova York, 29 de março de 2001

LOOSE TIME | Tempo solto
[música] Christian Wolff [cenário] Terry Winters [bailarinos] MCDC
[1ª performance] 31 de janeiro de 2002

FLUID CANVAS | Tela fluida
[música] John King [cenário] Marc Downie, Shelley Eshkar, Paul Kaiser
[bailarinos] MCDC
[1ª performance] 9 de setembro de 2002

SPLIT SIDES | Lados separados
[música] Radiohead, Sigur Rós [cenário] Robert Heishman, Catherine Yass
[figurino] James Hall [bailarinos] MCDC
[1ª performance] Nova York, 13 de outubro de 2003

VIEWS ON STAGE | Vistas no palco
[música] John Cage [cenário] Ernesto Neto
[figurino] James Hall [bailarinos] MCDC
[1ª performance] Sheffield, 11 de outubro de 2004

EYESPACE 20 | Espaço entre os olhos 20
[música] Mikel Rouse [cenário] Henry Samelson [bailarinos] MCDC
[1ª performance] Nova York, 9 de outubro de 2006

EYESPACE 40 | Espaço entre os olhos 40
[música] Annea Lockwood, David Berhman [cenário] Daniel Arsham
[bailarinos] MCDC
[1ª performance] Miami, 23 de fevereiro de 2007

XOVER
[música] John Cage [cenário] Robert Rauschenberg [bailarinos] MCDC
[1ª performance] Hanôver, 4 de outubro de 2007

NIERLY NINETY | Quase noventa
[música] Sonic Youth, John Paul Jones, Takehisa Kosugi
[cenário] Franc Aleu, Benedetta Tagliabue
[figurino] Romeo Gigli [bailarinos] MCDC
[1ª performance] Nova York, 15 de abril de 2009

NEARLY 90^2 | Quase 90^2
[música] John Paul Jones, Takehisa Kosugi
[figurino] Anna Finke [bailarinos] MCDC
[1ª performance] Urbana-Champaign, 24 de setembro de 2009

UM BREVE RESUMO DA CARREIRA DE MERCE CUNNINGHAM

Merce Cunningham nasceu em Centralia, Washington, em 1919. Aos 12 anos, começou a estudar dança. Alguns anos mais tarde, foi estudar teatro no Cornish Institute of Allied Arts em Seattle. De 1939 a 1945, foi solista na companhia de Marta Graham. Em 1944, apresentou seu primeiro programa de solos em Nova York. Sua colaboração com o compositor John Cage começou nesse período e durou quase cinquenta anos. Por toda sua carreira, Merce Cunningham trabalhou também com outros compositores, entre eles David Tudor, Earle Brown, Morton Feldman, Christian Wolff, David Behrman e Takehisa Kosugi.

No verão de 1953, Merce Cunningham trabalhou com sua companhia no Black Mountain College, na Carolina do Norte, realizando no inverno seguinte sua primeira temporada em Nova York. Desde aquela época, Cunningham coreografou mais de cem trabalhos que foram apresentados em turnês anuais nos Estados Unidos e na Europa.

Ele coreografou também dois trabalhos para o New York City Ballet: *The Seasons* (1947) e uma versão de *Summerspace* (1966). *Un jour ou deux*, um trabalho de longa duração, foi encomendado pelo Paris

Opera Ballet em 1973 e de novo em 1986 em uma versão revisada. Outro trabalho de Cunningham, *Duets*, entrou para o repertório do American Ballet Theatre em maio de 1982. *Arcade* (1985) foi originalmente criado para o Pennsylvania Ballet e depois entrou para o repertório de Cunningham. Os trabalhos de Merce Cunningham também foram incluídos no repertório de numerosos balés e companhias de dança moderna, entre eles Boston Ballet, Cullberg Ballet (Estocolmo), Théâtre du Silence (França), Rambert Dance Company (Londres), GRCOP (ala experimental do Paris Opera Ballet) e Pacific Northwest Ballet.

Robert Rauschenberg, Jasper Johns e Mark Lancaster trabalharam como cenógrafos e orientadores artísticos para a Companhia. Entre outros pintores, designers e escultores que colaboraram com Merce Cunningham constam Richard Lippold, David Hare, Sonja Sekula, Remy Charlip, Frank Stella, Andy Warhol, Robert Morris, Bruce Nauman, Neil Jenney, Morris Graves, Charles Atlas, Kristin Jones e Andrew Ginzel, Afrika (Sergei Bugaev) e Carl Kielblock.

Cunningham colaborou com o cineasta Charles Atlas em três trabalhos originais para vídeo: *Westbeth* (1974), *Blue Studio: Five Segments* (WNET/TV Lab, 1975) e *Fractions I* e *II* (1978); e três filmes de dança: *Locale* (1979), *Channels/Inserts* (1981) e *Coast Zone* (1983). Charles Atlas foi sucedido como cineasta da Companhia por Elliot Caplan, cuja primeira colaboração com Merce Cunningham foi a videodança *Deli Commedia*. A videodança *Point in Space* foi coproduzida com a BBC e gravada em Londres em maio de 1986. Como a maioria desses trabalhos, *Point in Space* foi refeita para o palco em seguida; a versão para o palco foi reencenada pelo Paris Opera Ballet em 1990.

Merce Cunningham também deu aulas e workshops no Merce Cunningham Studio e workshops e leituras nos Estados Unidos e em outros países.

Cunningham colaborou em dois livros sobre seu trabalho: *Changes: Notes on Choreography*, com Frances Starr (Something Else Press, Nova York, 1968), e o presente volume, uma versão atualizada da versão francesa original, *Le danseur et la danse, entretiens avec*

Jacqueline Lesschaeve (Belfond, Paris, 1980; segunda edição, 1988). O livro também foi traduzido para o alemão e o italiano.

Merce Cunningham recebeu duas bolsas da Fundação Guggenheim para coreografia, em 1954 e 1959, um doutorado honorário em Letras pela Universidade de Illinois em 1972, uma bolsa da Fundação MacArthur em 1985, o prêmio Laurence Olivier para melhor nova produção de dança em Londres (Pictures) em 1985, entre outros prêmios.

...

ÍNDICE ONOMÁSTICO

A

B

C

D

E

F

G

H

I

J

K

L

M

N

O

P

AGRADECIMENTOS

O dançarino e a dança começou em 1977 com uma primeira entrevista em inglês com Merce Cunningham, que traduzi e publiquei numa edição especial da revista francesa *Tel Quel* (números 71-73). Em 1980, tivemos novas conversas, e então retrabalhei a coleção inteira e a traduzi para um livro publicado pela editora Pierre Belfond, em Paris, sob o título *Merce Cunningham, le danseur et la danse*.

A versão em inglês tem como objetivo recuperar o idioma das conversas originais, sobretudo a voz eloquente de Merce Cunningham, mantendo-se fiel à forma e ao conteúdo da edição francesa. Marion Boyars e eu temos uma dívida de gratidão com Henry Nathan, que preparou e editou o livro a partir das fitas originais, da transcrição do inglês e da tradução para o francês. Merce Cunningham fez novas revisões e acréscimos em 1983, pelos quais somos muito gratos.

Os editores e eu agradecemos também a David Vaughan da Cunningham Dance Foundation, por sua gentileza ao atualizar para este livro a lista cronológica das coreografias de Merce Cunningham até dezembro de 1984, assim como as listas de filmes, vídeos e dos dançarinos da Companhia de 1953 a 1985.

[JACQUELINE LESSCHAEVE]

...

[editora] ISABEL DIEGUES
[coordenação editorial] BARBARA DUVIVIER
[coordenação de produção] MELINA BIAL
[assistente editorial] CATARINA LINS
[assistente de produção] ANDRESSA RODRIGUES
[tradução] JULIA SOBRAL CAMPOS
[revisão de tradução] DIOGO HENRIQUES
[revisão final] EDUARDO CARNEIRO
[capa e projeto gráfico] MARIANA BERND
[foto da capa] Merce Cunningham, Changeling (1957). Photo © Richard Rutledge

Originalmente publicado em francês pela Editora Belfond, departamento da Place des Éditeurs, como *Le danseur et la danse. Entretiens avec Jacqueline Lesschaeve.*

CIP-BRASIL. CATALOGAÇÃO NA PUBLICAÇÃO
SINDICATO NACIONAL DOS EDITORES DE LIVROS, RJ

C981d
Cunningham, Merce
O dançarino e a dança: conversas com Jacqueline Lesschaeve/Merce Cunningham, Jacqueline Lesschaeve; tradução Julia Sobral Campos. - 1. ed. -
Rio de Janeiro : Cobogó, 2014.
226 p. ; 21 cm.

Tradução de: The dancer and the dance

ISBN 9788560965
1. Cunningham, Merce, 1919-2009. 2. Dança moderna. I. Lesschaeve, Jacqueline. II. Título.

14-15257 CDD: 792.82
CDU: 792.8

22/08/2014 28/08/2014

Nesta edição, foi respeitado o Acordo Ortográfico da Língua Portuguesa de 1990, que entrou em vigor no Brasil em 2009.

Rua Jardim Botânico, 635/406
Rio de Janeiro-RJ-22470-050
www.cobogo.com.br

1ª impressão
Este livro foi composto em FoundryMonoline.
Impresso pela Gráfica Stamppa,
sobre papel Offset 75g/m2.